O Problema da Justiça de Deus e do Destino do Homem

Mensagens, cartas e histórias espíritas

Obra Histórica do Espiritismo de 1863

J. Chapelot

O PROBLEMA DA JUSTIÇA DE DEUS E DO DESTINO DO HOMEM

Mensagens, cartas e histórias espíritas

Obra Histórica do Espiritismo de 1863

Tradutor:
Roseane Rezende de Freitas

Coordenador:
Eduardo Carvalho Monteiro

Publicado originalmente em francês sob o título *Réflexions sur Le Spiritisme — Les Spirites et Leurs Contradicteurs*
© 2005, Madras Editora Ltda.

Editor:
Wagner Veneziani Costa

Coordenador da Madras Espírita:
Eduardo Carvalho Monteiro

Tradução:
Roseane Rezende de Feitas

Revisão:
Miriam Raquel Ansaral Russo Terayama
Wilson Ryoji
Neuza Alves
Sandra Ceraldi Carrasco

Dados Internacionais de Catalogação na Publicação (CIP)
(Câmara Brasileira do Livro, SP, Brasil)

Chapelot, Jean
O Problema da Justiça de Deus e do Destino do Homem: obra histórica do espiritismo de 1863/J. Chapelot; [tradução Roseane Rezende de Freitas]. — São Paulo: Madras: União das Sociedades Espíritas do Estado de São Paulo, 2005.
Título original: Réflexions sur le spiritisme, les spirites et leurs contradicteurs
ISBN 85-7374-903-2
1. Espíritas 2. Espiritismo - Filosofia 3. Espiritismo - História 4. Espiritismo - Literatura controversa 5. Médiuns 6. Psicografia
I. Título. 04-6810 CDD-133.901
Índices para catálogo sistemático:
1. Reflexões : Doutrina espírita : Espiritismo 133.901

Os direitos de tradução desta obra pertencem à Madras Editora assim como a sua adaptação e coordenação. Fica, portanto, proibida a reprodução total ou parcial desta obra, de qualquer forma ou por qualquer meio eletrônico, mecânico, inclusive por meio de processos xerográficos, incluindo ainda o uso da internet, sem a permissão expressa da Madras Editora, na pessoa de seu editor (Lei nº 9.610, de 19.2.98).

Todos os direitos desta edição, em língua portuguesa, reservados pela

MADRAS EDITORA LTDA.
Rua Paulo Gonçalves, 88 — Santana
02403-020 — São Paulo — SP
Caixa Postal 12299 — CEP 02013-970 — SP
Tel.: (011) 6959-1127 — Fax: (011) 6959-3090
www.madras.com.br

> "O que alguns acreditam ser loucura é,
> para outros, sabedoria."
> Satã — Epopéia — H. DELPECH

Entre os leitores se encontram, sem dúvida, os estudiosos, os eruditos, os puristas.

Eu só peço a eles indulgência por minha frágil pena, cujo único mérito é uma profunda devoção ao progresso da humanidade.

Quanto às minhas opiniões, se forem consideradas errôneas, será com uma profunda apreciação que receberei o comunicado de uma doutrina melhor que as teorias que eu defendo.

Bordeaux, 1º de janeiro de 1863

J. Chapelot

ÍNDICE

Introdução 13
Inauguração de um grupo espírita em Bordeaux 17

Primeira Parte

Reflexões 29
Aos meus irmãos, os Espíritas 29
I — Deus é Bondade e Justiça 29
II — Evocações de Espíritos 33
A nossos opositores 36
III — A Codificação do Espiritismo 36
IV — Diversas Classes de Espíritos 38
V — Os Mistérios Serão Desvendados 40
VI — Os Milagres não Existem 41
VII — O Poder de Deus 43
VIII — Cada um é Responsável por Suas Obras 44
IX — Acreditar em Deus 46
X — Comunicabilidade dos Espíritos 47
XI — A Fé Verdadeira 48
XII — Educador de Almas 49
XIII — Pluralidade das Existências 51
XIV — A Busca da Felicidade 53
XV — Deus é a Criação 53
Cartas a um católico 57

Primeira carta 57
Segunda carta 62

Segunda Parte

Mensagens e Cartas
Recebidas pelo Sr. Auguste BEZ, médium 67
    O Espiritismo e as Escrituras Sagradas 67
    O amor 69
    Louvores dirigidos aos médiuns 70
    A Fé, a Esperança e a Caridade 72
    O melhor meio de receber boas mensagens 73
    Aprendam! Aprendam! 75
    O trabalho 75
    A prece 78
    O perdão 79

Mensagens
Recebidas pela Srta. Cazemajour, médium 81
    A liberdade 81
    Os apóstolos do Espiritismo 82
    Ele desafia as tempestades 84
    Estações 85
    Homero 86
    Os deuses do Paganismo 87
    Lei do amor 89
    II 90
    III 91
    Luta 92

Mensagens
Recebidas pela Srta. Marthe Alexandre, médium 94
    O espírito forte 94
    Mais um ano de caminhada 95

Mensagens
Recebidas pela Srta. Collignon, médium 97
   A resignação 97
   Crianças do Espiritismo, não se esqueçam 99
   Deixai o tempo passar 99
   A chave de diamante 102
   Orgulho, o que você pode fazer? 103
   Não brinque com a verdade 104
   Um sonho 106
   O encanto da manhã 108

Mensagens
Recebidas pelo Sr. e pela Sra. Guipon, médiuns 109
   O duelo 109
   1º — Considerações gerais 109
   2º — Conseqüências espirituais 110
   3º — Conseqüências humanas 111
   A humildade 114
   O beijo fraternal dos Espíritas 115

Um Magistrado Convencido 119

Apreciação das Manifestações Espirituais
Por um magistrado, pesquisador convencido 121
   Le monologue d'un baudet — O monólogo do burrico 127
   Le médium et le Docteur Imbroglio — O médium
   e o dr. Imbróglio 128

Posfácio 133

Introdução

Não existem muitos dados biográficos sobre o autor desse clássico do Espiritismo, J. Chapelot, pseudônimo literário de Jean Condat, mas sabe-se que ele foi inventor, artista e escritor.

Um de seus grandes sucessos literários foi *Contes Balzatois*, escrito com base em suas pesquisas de um dialeto quase extinto, mas J. Chapelot escreveu outras obras de repercussão, como o *Dictionnaire Humoristique*. Nele há um verbete chamado *Reflexões sobre o Espiritismo*, em que ele argumenta sobre a Doutrina que abraçara depois de um longo período de convicções materialistas. Vejamos o que diz Chapelot:

> (...) o senhor encontrará minha apreciação sobre esta consoladora doutrina que fez de mim, materialista e ateu, que não via deus em nenhuma parte, um fervoroso adepto espírita que o vê agora, esse Deus, em tudo e em toda parte, convencido que estou da imortalidade da alma e de seu progresso indefinido por meio das reencarnações, verdade que fará, antes de muito tempo, desmoronar todas as religiões terrestres, porque ela nos faz compreender um deus de justiça, de bondade e de misericórdia que a razão, o bom senso e a consciência nos aconselham adorar, e não um deus maldoso, vingativo e rancoroso, ao qual os insensatos, os embrutecidos do catolicismo (não digo Cristianismo) nos recomendam crer, após tê-lo construído

com todas as peças da imagem deles, isto é, com seus defeitos tanto físicos quanto morais.

J. Chapelot participou em Bordeaux, juntamente com os também pioneiros do Espiritismo, Emile Sabò e Auguste Bez, da fundação do jornal *La Ruche Spirite Bordelaise* — (Revista de Ensinamentos dos Espíritos), em junho de 1863. A publicação era quinzenal e circulava com 16 páginas. Com a mudança de Sabò para Paris, para se tornar o secretário particular de Kardec, em maio de 1865, substituiu-o como diretor Auguste Bez, outra valorosa personalidade dos primeiros tempos de Espiritismo na França e autor de outro clássico do Espiritismo: *Os Milagres de Nossos Dias*.* Na obra, seu autor descreve a carreira e os dons mediúnicos de Jean Hillaire, um simples campônio, semi-analfabeto, e Kardec, ao analisar o livro de Bez, identificou-o como portador de mais dons mediúnicos que o famoso médium Daniel Douglas Home, de fama internacional.

Arte S. Griman

N. do E.: Publicado pela Madras Espírita.

Em um de seus inspirados artigos no *La Ruche Spirite*, da primeira quinzena de setembro de 1863, Chapelot disserta sobre um pensamento cunhado e propalado pelo Espiritismo: "Fora da Caridade não há Salvação". Acompanhemos alguns trechos significativos:

(...) Como a Igreja espera me convencer que o Espiritismo é uma obra satânica se esta doutrina é a única, até o presente momento, que satisfaz à minha razão? E me pergunto por que o catolicismo considera como heresia a crença na pluralidade das existências, pois tal doutrina nos tem permitido a compreensão, até o presente momento, daquilo que era incompreensível para nós.
Antes de conhecer o Espiritismo, eu solicitava à Igreja, como tive a honra de vos dirigir, explicação sobre as desigualdades de inteligência, tão freqüentemente encontradas.
(...) A Igreja, que tem a pretensão mais orgulhosa do que sábia, segundo eu, de dizer: fora do seu seio não há salvação, permanece muda em relação a esta questão ou só responde superficialmente. O Espiritismo, que por ela é considerado como obra satânica, responde: sua resposta nos satisfaz inteiramente: nós encontramos no Espiritismo a prova de um deus justo, bom e misericordioso, tal como nossa razão sonhava depois de abandonar as "fraldas" da infância.
(...) firmam que se ocupar do Espiritismo é uma obra criminosa, que terá como resultado nos abrir as portas do Inferno, vejamos se a mais simples lógica não destruiria tais alegações.
As coisas incompreensíveis que, antes do Espiritismo, eu escutava da religião católica e nas quais era necessário

acreditar para ser salvo me transformaram em um cético. Dessa forma eu não poderei estar mais fora da Igreja do que estava e me envolvia cada vez mais nos caminhos tenebrosos que conduzem ao palácio do rei das trevas, quando uma faísca de luz iluminou a minha visão. Voltei alguns passos e me encontrei diante de um pequeno exército. Na sua bandeira li as seguintes palavras: "Fora da Caridade não há salvação"; "Fora da Caridade, não há verdadeiro Espírita". Era a bandeira do Espiritismo.

Eu me envolvi neste pequeno exército e, de cético que estava, transformei-me em crente: minha fé na imortalidade da alma estava selada. — Depois desse dia, eu acredito em Deus, eu o amo sobre todas as coisas e não cesso de lhe dirigir as mais sinceras preces, para que Ele dê também aos outros a felicidade que Ele me proporcionou, permitindo-me conhecer a sublime ciência que solucionou todas as minhas dúvidas e da qual passei a ser e continuarei a ser um dos mais ardorosos adeptos, até que uma outra doutrina venha a me provar que é lógico pregar o bem para fazer o mal, ensinar espanhol para aprender francês, falar misteriosamente para ser mais claro.

J. Chapelot

Allan Kardec sempre teve especial atenção para com os espíritas de Bordeaux, que demonstravam muito amor pela divulgação de ideal espírita, o que o leva a publicar, na *Revista Espírita* de 1863, o discurso na íntegra de J. Chapelot na inauguração de mais uma sociedade espírita na cidade. O texto é muito interessante por revelar como eram desenvolvidos os trabalhos e os estudos na época, razão pela qual o reproduzimos a seguir.

Inauguração de um grupo espírita em Bordeaux

A despeito de certa má vontade, multiplicam-se diariamente os grupos espíritas. Temos o prazer de apresentar aos nossos numerosos leitores o discurso inaugural de um deles, feito pelo seu fundador, sr. Condat, em 20 de março deste último. A maneira pela qual a séria questão do Espiritismo nele é encarada prova quanto, agora, são compreendidos o seu objetivo e o seu verdadeiro alcance social. Sentimo-nos felizes em dizer que tal sensação é hoje geral, porque em toda parte a curiosidade é substituída pelo desejo de instrução e de melhora. Foi o que constatamos nas visitas a várias cidades de província. Vimos atentarem para as comunicações instrutivas, considerarem o valor dos médiuns que as recebem. É um fato característico na história do estabelecimento do Espiritismo. Desconhecemos o grupo ao qual nos referimos, mas julgamos suas tendências pelo discurso inaugural. O orador não teria tido linguagem ante um auditório leviano e superficial, reunido para se distrair. São as reuniões sérias que dão uma idéia séria de Espiritismo. Por isso nunca seria demais encorajar a sua multiplicação.

Senhores e senhoras,
    Pedindo recebais os meus agradecimentos pela benevolente acolhida ao meu convite, permiti-vos dirija algumas palavras sobre o motivo de nossa reunião. Em falta de talento, espero encontreis a convicção de um homem profundamente dedicado ao progresso da humanidade.
Muitas vezes o viajor intrépido, aspirando atingir o pico da montanha, encontrará estreito caminho obstruído por

uma rocha; outras vezes, também, no curso das idades, a humanidade que tende a aproximar-se de Deus encontra o seu obstáculo: seu rochedo é o materialismo. Ela estaciona por algum tempo, talvez séculos; mas a força invencível a que obedece, agindo na proporção da resistência, triunfa ao obstáculo, e a humanidade, sempre solicitada a marchar, retoma a caminhada com impulso maior.

Assim, senhores, não nos admiremos quando se manifesta uma dessas grandes idéias que melhor denunciam a origem celeste do Homem, quando se produz um desses fatos prodigiosos que vem perturbar os cálculos restritos e as observações limitadas da ciência materialista: não nos espantemos e, sobretudo, não nos deixemos desencorajar pelas resistências que se opõem a tudo quanto pode servir para demonstrar que o homem não é apenas um pouco de barro, cujos elementos, após a morte, voltarão à Terra.

Antes constatemos, e o constatemos com alegria, nós, adeptos do Espiritismo, os filhos do século dezenove, o qual, por sua vez, foi a manifestação mais completa, por assim dizer, a encarnação do ceticismo e de suas desencorajadoras conseqüências. Contatamo-la: a humanidade está em marcha!

Vede o progresso que aqui faz o Espiritismo, nesta cidade grande, bela e inteligente. Vede como por toda parte a dúvida se apaga às claridades da ciência nova.

Contemos, senhores, e confessemos com sinceridade quantos de nós na véspera, com um sorriso de incredulidade nos lábios, estamos hoje com o pé na estrada e o coração resolvido a não recuar. Compreende-se: estamos na corrente e esta nos arrasta. Que é essa doutrina, senhores? Aonde nos conduz?

Despertar a coragem do homem, ampará-lo nos desfalecimentos, fortificá-lo contra as vicissitudes da vida, reanimar a fé, provar-lhe a imortalidade da alma, não só por demonstração, mas pelos fatos: eis a doutrina e aonde ela conduz!

Que outra doutrina produzirá sobre o moral e sobre o intelecto melhores resultados? Será a negação de uma vida futura que lhe poderão opor como preferível, no interesse da humanidade inteira e para a perfeição moral e intelectual de cada um individualmente?

Tomando por princípio as palavras seguintes, que resumem todo o materialismo: *Tudo acaba quando se abre um túmulo*, que é o que se consegue produzir senão o nada? Experimento uma penosa sensação, uma espécie de pudor por haver feito um paralelo entre esses dois extremos: a esperança de, num mundo melhor, encontrar os nossos entes queridos, cuja alma abriu as asas, o horror invencível que experimentamos, que o próprio ateu experimentou ao pensar que tudo estaria aniquilado com o último sopro da parte material do nosso ser, bastariam para afastar toda idéia de comparação. Contudo, senhores, se todas as comunicações encerradas no Espiritismo não passassem de criação, se fossem apenas um sistema puramente especulativo, uma engenhosa ficção, como objetam os apóstolos do materialismo, para submeterem certas inteligências fracas a umas tantas regras chamadas arbitrariamente virtudes, e deste modo as reter fora dos sedutores apetites da matéria, compensação que num dia de piedade o autor dessa ordem fatal, que dá tudo a uns e reserva o sofrimento à maioria, a esta teria concedido para atordoar-se.

Senhores, não é para as inteligências fortes, para o homem que sabe usar a razão legítima e essas engenhosas combinações estabelecidas como conseqüências de um princípio sem base e simples fruto da imaginação que seriam um tormento a mais, acrescentado nos tormentos da fatalidade a que não podemos subtraí-los? Sem dúvida, a demonstração é uma coisa admirável: antes de tudo a razão humana, a alma, essa abstração da matéria. Mas até esse dia seu ponto de partida único foi a expressão de Descartes: "Penso, logo existo". Hoje, o Espiritismo veio dar uma força imensa ao princípio da imortalidade da alma, apoiado em fatos tangíveis e irrefutáveis. O que precede explica por que e como aqui estamos reunidos. Mas, senhores, deixai-me ainda comunicar-vos uma impressão que sempre senti, um desejo constantemente renovado, cada vez que me encontrei em presença de uma sociedade que tenha por objetivo o aperfeiçoamento moral do homem. Eu queria estar na primeira reunião, participar das primeiras comunicações da alma dos fundadores, queria presidir ao desenvolvimento do germe da idéia que, como o grão tornado gigante, mais tarde produziu frutos abundantes.

Ora, senhores, hoje tenho a felicidade de vos reunir para propor a formação de um novo grupo espírita, minha idéia tem plena aceitação e vos peço que, como eu, conserveis no coração e na memória a data de 20 de março.

Agora, senhores, é tempo de passar à prática, que talvez eu tenha retardado. Sem transição, para reparar a perda de tempo, largamente concedido para vacilações, abordarei o objetivo de nossa reunião, pedindo que vos previnais contra uma objeção que, naturalmente, levantar-se-á em vosso espírito, como se levantou no meu, quanto à indispensável necessidade de médiuns quando se quer formar um grupo espírita. Senhores, aqui está uma aparente dificuldade, não uma dificuldade. Inicialmente, a ausência de médiuns em nossas sessões não as tornarão estéreis, crede-o. Eis uma idéia que vos apresento, pedindo o vosso conselho. Procederemos assim:

Na primeira parte de cada sessão far-se-á a leitura de *O Livro dos Espíritos* e de *O Livro dos Médiuns*. A segunda será consagrada à formação de médiuns entre nós e, acreditai, se seguirmos os conselhos e os ensinos dados nessas obras de nosso venerado chefe, sr. Allan Kardec, a faculdade mediúnica não tardará a se desenvolver na maior parte de nós, porque Deus, o nosso Criador de todas as coisas, o juiz infalível, não nos enganará quanto ao bom uso que queremos fazer da preciosa faculdade mediúnica.

Não deixará, pois, de nos dar a mais bela recompensa que possamos ambicionar e permitir que um de nós, ao menos, obtenha tal faculdade no mesmo grau de vários médiuns sérios que temos nesta noite, a felicidade de contar entre nós.

Nossos queridos irmãos Gourguess e Sabò, que tenho a honra de vos apresentar, assistindo à nossa sessão inaugural, quiseram dar-lhe o mais alto grau de solenidade. Que eles nos dêem a esperança que lhes suplicamos e que, com a freqüência que lhes for possível, venham-nos visitar. Sua presença fortificará a nossa fé, avivará o nosso ardor, ante o insucesso das primeiras tentativas mediúnicas, que poderiam levar-nos ao desânimo.

Sobretudo, senhores, não tomemos um caminho errado: demos nós perfeita conta de nossa empresa e de seu objetivo. Seria lamentável engano se alguém tentasse participar do grupo que vamos formar apenas levado pela esperança de encontrar distrações e fora da boa moral pregada pelos bons Espíritos.

O fim essencial do Espiritismo, disse nosso venerado chefe, é o melhoramento das criaturas. Nele só se deve procurar aquilo que possa ajudar o progresso moral e intelectual. Não se deve perder de vista que a crença no Espiritismo só é proveitosa àquele de quem se possa dizer: Ele hoje é melhor que ontem.

Assim, não esqueçamos que o nosso pobre planeta é um purgatório, onde, por nossa existência atual, expiamos as faltas cometidas nas precedentes. Isto prova uma coisa, senhores: que nenhum de nós pode dizer-se perfeito: enquanto tivermos faltas a expiar, reencarnaremos. Nossa presença na terra atesta, pois, a nossa imperfeição. O Espiritismo fincou as balizas da estrada que conduzem a Deus. Marchemos sem as perder de vista. A linha traçada pelos bons Espíritos geômetras da Divindade está ladeada de precipícios: as urzes e os espinhos são as suas margens. Não temamos os arranhões. Que são tais feridas comparadas à felicidade eterna, que acolherá o viajor que chegou ao termo da viagem?

Esse termo, senhores, esse objetivo desde muito tempo é objeto de minhas meditações. Abarcando o meu passado com um olhar e voltando-me para reconhecer o espinheiro que me havia ferido, o obstáculo que me tinha feito tropeçar, não deixarei de fazer o que faz todo homem, ao menos uma vez na vida: por assim dizer, o balanço das alegrias e dos desgostos, dos bons momentos de coragem e das horas de desânimo. E, com o cérebro repousado, a alma livre, isto é, dobrada sobre si mesma, desprendida da matéria, disse a mim mesmo: a existência humana é apenas um sonho, mas um sonho horroroso, que começa quando a alma ou Espírito encarnado da criança se esclarece aos primeiros lampejos da inteligência, para terminar no aniquilamento da morte. A morte! Esta palavra de espanto para todos, na verdade, é apenas o despertar desse sono horrível, o benfeitor e socorrista que nos liberta do pesadelo insuportável que nos acompanha, passo a passo, desde o nascimento.

Falo em geral, mas não de maneira absoluta. A vida do homem de bem não tem mais esses mesmos caracteres. Aquilo que fez de bom, de grande, de útil ilumina com puras claridades o sonho de sua existência. Para ele, a passagem da vida à morte é feita sem transição dolorosa; nada deixa para trás que lhe possa comprometer o futuro em nova existência espiritual, recompensa de seus benefícios. Mas, ao contrário, quanto aos cegos voluntários, que tiveram constantemente fechados os olhos, para melhor negarem a existência de Deus, que se tiverem recusado à contemplação do sublime espetáculo de suas obras divinas, provas e manifestações de sua bondade, de sua justiça e de seu poder, direi que terão um horrível despertar, cheio de amargos lamentos, sobretudo por haverem desconhecido os benéficos conselhos de seus irmãos espíritas, e o sofrimento moral que terão de suportar durará, que lhes concederá a graça de nova encarnação.

Muita gente ainda vê nas comunicações espíritas uma obra do demônio. Contudo, o seu número diminui dia a dia. Tal diminuição evidentemente é devida à curiosidade de visitar os grupos espíritas e a ler *O Livro dos Espíritos* e porque no número dos curiosos encontram-se pessoas que se convencem, principalmente as que lêem aquele livro. Porque, senhores, não creais poder atrair muitos adeptos à nossa doutrina fazendo-os, antes de tudo, assistir às sessões. Não: tenho a íntima convicção de que uma criatura completamente estranha à doutrina não se convencerá pelo que vir em nossos trabalhos; terá antes vontade de rir dos fenômenos, em vez de os tomar a sério.

Quanto a mim, senhores, creio ter feito muito mais pela doutrina levando alguém a ler *O Livro dos Espíritos* do que levando-o a uma das sessões. Quando tenho certeza de que a leitura foi feita e de que deu frutos que não deixa de grupo espírita. Porque, então, tenho a certeza de que se dará conta de tudo o que vir e compreenderá; e aquele que possivelmente riria antes daquela leitura sentirá efeitos diametralmente opostos. Não quero dizer que chore. A melhor maneira de terminar é com uma citação de *O Livro dos Espíritos*. Ela convencerá, mais que minhas pobres palavras, àqueles que ainda duvidam do fundo da verdade sobre a qual repousam as crenças espíritas:

Os que dizem que as crenças espíritas ameaçam invadir o mundo proclamam, por isso mesmo, a sua força. Porque uma idéia destituída de base e de lógica não se tornaria universal. Se, pois, o Espiritismo se planta em toda parte, se recruta, principalmente, nas camadas esclarecidas como todos reconhecem, é porque tem um fundo de verdade. Contra essa tendência serão vãos os esforços dos detratores. E o que prova é que o próprio ridículo, com que tentam cobri-lo longe de deter a sua marcha, parece dar-lhe vida nova. Tal resultado justifica plenamente o que muitas vezes nos têm dito os Espíritos: "Não vos inquieteis com a oposição; tudo quanto fizerem contra vós tornar-se-á em vosso favor e os vossos maiores adversários servirão à vossa causa, sem o querer. Contra a vontade de Deus não prevalecerá a má vontade dos homens."

CONDAT

A política sempre foi motivo de preocupação de Jean Condat e, republicano que era, utilizava-se de sua veia sarcástica para fazer ácidas críticas ao império travestidas de humorismo, mesmo em atitudes arriscadas para a época.

Assim, sua pena foi colocada a serviço das idéias democráticas, e muitos jornais da província e de Paris recebiam suas colaborações.

A obra *Reflexões sobre o Espiritismo, os Espíritas e seus Opositores — Mensagens, Cartas e Histórias Espíritas*, que traduzimos e renomeamos como *O Problema da Justiça de Deus e do Destino do Homem*, teve sua importância na época em que circulou, contemporânea a Allan Kardec. Ela apresenta a defesa da Doutrina Espírita em polêmicas nas quais se envolveu o autor e outros pioneiros franceses, comunicações espirituais e orientações aos praticantes que ainda são válidas hoje, por causa do caráter universalista e da linha coerente da Doutrina, as quais permitem uma uniformidade de pensamento, que tem sido transmitida de geração a geração intacto.

Esta publicação se torna importante nos dias de hoje, sobretudo porque fala da atuação de vários médiuns e divulgadores fiéis da Doutrina dos Espíritos que, flagrantemente, reencarnaram para apoiar o Codificador em sua missão de realizar a promessa de Jesus, quando disse que rogaria ao Pai para que Ele enviasse o Consolador Prometido para repetir tudo o que havia dito por parábolas, sem que a humanidade o tivesse compreendido.

Cremos que há uma lacuna a ser preenchida nos estudos da história do Espiritismo, porque poucas informações chegaram ao Brasil sobre obras, autores e as nuanças do movimento espírita da França à época da Codificação.

O Homem, além de sua bagagem reencarnatória, é fruto do ambiente em que vive, e, para melhor estudarmos as bases sólidas em que se formou o Espiritismo, precisamos conhecer melhor a época, os ambientes e outros fatores culturais que permitiram ao Codificador cumprir sua missão.

Esta obra clássica do Espiritismo, que a Editora MADRAS ESPÍRITA resgata em boa hora para o público de língua portuguesa, com a ajuda de nossos confrades Jorge Damas Martins e Stenio Monteiro de Barros, vem ajudar na reconstituição da trajetória dos pioneiros do Espiritismo na França de Allan Kardec.

Eduardo Carvalho Monteiro
Coordenador da Madras Espírita

Primeira Parte

REFLEXÕES

Aos meus irmãos, os Espíritas

I — Deus é Bondade e Justiça

Antes do Espiritismo, como eu, vocês crêem em Deus, na imortalidade da Alma, mesma Lei de Causa e Efeito.
Isto é:

PRIMEIRO: Em uma força suprema, em um Ser eterno, criador de todas as coisas e que é a bondade, a justiça e a misericórdia infinitas;

SEGUNDO: Em alguma coisa que sobrevive à matéria: Alma, Espírito, Inteligência, pouco importa o nome que lhe é dado;

TERCEIRO: Em uma recompensa dada a cada alma, que, por suas virtudes de todos os tipos, a mereceu durante sua vida terrestre ou planetária;

QUARTO: Por fim, novas chances às almas que fogem das leis de Deus.

Mas quantos esforços são feitos inutilmente para dar-se conta de tudo isso! Quanta boa vontade é preciso ter para ver, de acordo com nossos professores, no Criador, o Pai bom, justo, misericordioso para seus filhos.

Entretanto, nós só perguntamos em que crer; mas tudo o que nos dizem, em lugar de fortificar nossa fé, não faz nada além de a extinguir pouco a pouco e, coisa terrível de se pensar, os que se dizem ministros de Deus jogam mais água sobre o fogo que os outros!... Mais alguns dogmas novos e a fé estaria totalmente acabada.

O materialismo estava em seu ponto mais alto; a água estava sendo jogada sobre as últimas brasas do fogo da fé, quando um mensageiro de Deus — o Espiritismo que personificamos aqui — pára com os braços já na posição para jogar água. A água caiu sobre toda a terra, as raras centelhas que ainda restavam no fogo retomaram sua força e logo pudemos ver o braseiro sagrado da fé brilhar com uma energia inusitada, a fé estava ressuscitada.

Esse mensageiro foi reconhecido, mas suas intenções foram interpretadas de maneiras diferentes pelos homens: os partidários do Inferno chamaram-no de Diabo; os céticos, os ateus e os materialistas, como seu louvável hábito, fecharam os olhos e nem sequer o viram. Os que estavam procurando algo mais de acordo com a justiça e a bondade de Deus, além do que tinha sido ensinado até este momento, abriram os braços para ele, chamaram-no Espiritismo e transformaram-se em adeptos sinceros, com o nome de Espíritas.

Allan Kardec

Agora, um grande progresso estava aberto para o caminho da humanidade. O geômetra escolhido por Deus é nosso venerado chefe, o Senhor Allan Kardec. Foi ele quem organizou todas as mensagens, todos os ensinamentos que os bons Espíritos nos deram: administradores gerais e engenheiros do Espiritismo. Ele os transformou em uma ciência com a qual beneficiou o mundo e não está longe o momento em que veremos todas as portas do progresso humano se abrirem diante desta nova e sublime doutrina.

Coragem! A semente foi plantada em um bom terreno; devemos cuidar dela e veremos sair uma árvore gigante cujos ramos se estenderão sobre toda a superfície do globo terrestre.

Os inimigos do Espiritismo encontraram nele inúmeros obstáculos: a verdade pode demorar a aparecer, mas quem poderá pará-la? O Espiritismo caminhará por esses obstáculos.

Entretanto, essa marcha seria muito mais rápida se alguns de seus seguidores mais zelosos não deixassem, em sua fé muito cega, que todos pudessem mandar fazer as evocações.

Na maior parte do tempo, tenho certeza, essas evocações não têm outro objetivo, por parte dos que as provocam, que não procurar insinuar que a manifestação dos Espíritos não é nada mais que um sonho.

Sua tática consiste em fazer o espírito de uma pessoa que dizem estar morta ser evocado. A primeira condição para fazer a evocação de um espírito é que seu corpo esteja morto ou adormecido. Entretanto, o mais freqüente é que esta pessoa esteja longe de estar morta, pelo contrário, desfruta de uma saúde excelente e assiste à evocação de seu Espírito, que, em lugar de estar liberado da matéria, é, pelo contrário, seu perfeito prisioneiro.

O que não sabem os que não têm conhecimento algum da doutrina que os bons Espíritos nos deram é que, se a evocação é feita com um objetivo de curiosidade, sem discernimento e sem meditação, outro Espírito além do que foi evocado se comunicará, porque este último, por menos que seja avançado, se afastará diante de algo parecido com uma reunião.

Creio que seria aceitável, para evitar armadilhas dos inimigos do Espiritismo, admitir nas reuniões somente as pessoas que têm o desejo de se instruir e de se aperfeiçoar.

Nada é mais fácil, parece-me.

Primeiro, seria necessário autorizar somente os que fossem indicados ou que fossem trazidos por um dos membros da Sociedade para assistir às sessões e, então, admiti-los somente com a condição expressa de que eles provem que tenham lido, pelo menos, *O Livro dos Espíritos*.

Qualquer que seja o sentimento que o anima a começar a iniciação de uma pessoa à doutrina não é necessário que ela assista a uma sessão; não, eu tenho a convicção íntima de que ela não será convencida pelo que verá em uma sessão; ela estará mais disposta a rir dos fenômenos que ali temos do que a levá-los a sério.

Somente a sorte poderia fazer que esta sessão produzisse bons efeitos sobre seu espírito. Não confiemos na sorte.

Nós mesmos, Espíritas, temos a certeza de que não estamos sendo enganados? O que aconteceria se a pessoa que deseja se instruir e se aperfeiçoar começasse por ser enganada!

Sessão espírita no século XIX

Se ela for para o local de boa-fé, ela será desencorajada porque será impossível para ela, que não conhece nada dos ensinamentos espíritas, se dar conta desta mistificação. Pode ser que ela não deixe transparecer seu desapontamento e que deixe a sessão, prometendo a si mesma não voltar mais ali; ela poderá até mesmo não desejar mais ouvir falar do Espiritismo e se recusar a ler o que quer que seja a respeito dele; enfim, poderá aborrecer-se, se é que posso me expressar assim, com uma doutrina que lhe deu, antes de tudo, uma decepção.

Se, pelo contrário, ela se decidir por falar, será um dilúvio de perguntas e de objeções às quais você responderá com dificuldade, a menos que você saiba *de cor O Livro dos Espíritos*; caso contrário você será obrigado a abri-lo para responder. Sua resposta levará, naturalmente, a outra pergunta e, de objeção em objeção, será forçado a ler todo *O Livro dos Espíritos*. Ou, como essa leitura não pode ser feita em uma ou mesmo em duas sessões, você será obrigado a deixar as explicações para o dia seguinte; se tiver pressa, tenha o cuidado de se assegurar previamente de que a pessoa esteja pronta para assistir à sessão de forma a se dar conta de tudo o que ela poderá ver e entender ali.

II — Evocações de espíritos

Se você faz uma evocação hoje, amanhã o autor desta evocação encontrará um outro médium e fará a evocação do mesmo espírito. Com qual objetivo? Para ver se a resposta será a mesma que a do dia anterior; porque é evidente, para os que ignoram tudo sobre o Espiritismo, que a resposta dada por um Espírito, em pouco intervalo de tempo, deve ser exatamente a mesma. O que acontece, então? Ocorre que o Espírito que se comunica amanhã não é o mesmo que o da véspera. É um Espírito, se não for um espírito não-evoluído, pelo menos é um espírito de luz, que responderá o que for aceitável para ele, sem se preocupar se o que diz é verdade ou não. O que é necessário para ele é uma questão de ocasião de comunicação e de diversão. O efeito errado que suas respostas poderão produzir é o menor de seus problemas.

Se, pelo contrário, for um Espírito não-evoluído, que não deixou na Terra nada além de seu envoltório carnal e conservou todos os instintos prejudiciais, ele tem prazer em dizer tudo ao contrário do que foi dito na véspera pelo Espírito evocado (quando sabe o que foi) e do qual ele sabe o nome hoje. Com qual objetivo? Com o objetivo de induzir ao erro seus irmãos, os Espíritos encarnados, a fim de os desviar de uma doutrina que, aperfeiçoando-os, fa-los-á ter um grau superior ao seu na hierarquia do mundo invisível.

Sessão espírita no século XIX

Depois desta segunda sessão, o autor das duas evocações que, até este dia, por causa de tudo o que tinha escutado falar do Espiritismo, tinha vislumbrado nele uma tábua de salvação para sua alma triste e oprimida pela dúvida, cairá outra vez em um desânimo doloroso, que poderá ser comparado ao efeito que seria produzido sobre um cego ao qual um sábio oculista havia prometido o restabelecimento da visão, a extinção completa e irreversível da luz depois de um início do cumprimento da promessa feita.

Admitamos, agora, o contrário. Suponhamos — o que continua acontecendo todos os dias — que o verdadeiro Espírito evocado responda às duas evocações; que suas respostas sejam perfeitamente idênticas e do tipo que convença os outros das evocações; o que aconteceria? A pessoa dirá a si mesma: Eu acredito agora em tudo o que me falaram sobre o Espiritismo e não tenho mais a necessidade de ler. Responderá a todos os que pedirem a ele informações: Acredite em tudo o que os Espíritos te dirão; é verdade; o Espírito de meu marido falou comigo como se ainda estivesse neste mundo e me disse coisas que *somente nós dois* sabíamos.

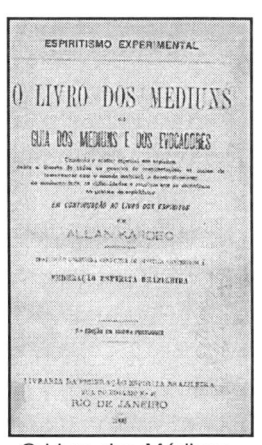

O Livro dos Médiuns

Eis uma pessoa convencida, bem convencida, muito convencida mesmo; de sua parte, agora, nada de objeções, nada de discussões, nada de *e se*, nada de *mas*; tudo é verdade! Ela se entregou de cabeça baixa e de olhos fechados à Doutrina. O caminho é longo, desimpedido, sem arbustos e sem espinhos; enfim, é magnífico!...

Ah, mas que decepções amargas esperam essa desventurada criatura; porque, com essa disposição, ignora os perigos que podem ser o resultado de uma confiança ilimitada nos Espíritos que habitam o espaço, ela será inevitavelmente importunada por alguns Espíritos não-evoluídos que se apoderarão com mais facilidade de sua alma do que de sua confiança cega e ela será perdida para as falsas teorias que serão suscitadas... E tudo isso, eu repito, seria evitado se as evocações fossem feitas com mais discernimento, ou ainda, se, ao invés de as fazer, os médiuns tivessem insistido na leitura prévia de *O Livro dos Espíritos* e a de *O Livro dos Médiuns* que são, eu não saberia como fazê-los compreender de modo mais adequado, o melhor antídoto que poderíamos administrar contra as influências más dos Espíritos malfeitores.

A nossos opositores

III — A Codificação do Espiritismo

Quando, em 1856, o Espiritismo fez sua aparição no mundo, ele só despertou risos e desdém.

Naquela época, você pensava que o Espiritismo, sendo apenas uma mente doente, não viveria como as rosas, mais que o período de uma manhã. Certamente, uma nova idéia, se for destituída de fundamento e desprovida de lógica, deve cair por si mesma.

Se você pensa dessa maneira até hoje, isso não seria, com certeza, um obstáculo para que o Espiritismo fizesse seu progresso; mas também não tornaria seu progresso mais rápido porque você o ajudou muito em sua propaganda.

Com efeito, vendo que esta nova Doutrina está se estabelecendo por todas as partes, você começou a prestar um pouco mais de atenção e não encontrou nada melhor para fazer do que escrever alguns artigos, contrários, nos jornais.

Antes de ter negado que os Espíritos podem se comunicar com os vivos, alguns de vocês diziam que havia manifestações, mas que elas só podiam ser obra de Satã. Esta é a alegação de vocês, senhores, que vêm fazer ataques nas portas de pessoas que nunca ouviram falar de Espiritismo. Alguns ficaram com medo e se entregaram; mas os outros, que formam a parte mais numerosa, foram atraídos por esta mãe da instrução: a curiosidade. Então é verdade, dizem, que é possível conversar com os Espíritos ou com as almas do outro mundo? Temos certeza de que não é com o Espírito do Diabo! Mas isso já é muito fascinante e nós não estaríamos mais ofendidos por podermos falar com este Espírito de chifres, que acreditamos que tenha sido inventado somente para amedrontar mulheres honestas, como se amedrontam as crianças, falando com elas sobre o Bicho-Papão. Falemos com o Diabo e, talvez, no final das contas, ele não seja tão malvado como nós o pintamos.

E, a partir disso, cabe a cada um buscar informações para saber que procedimentos ter para falar ao chefe do Inferno. E vocês, outra vez, inimigos da Doutrina recém-nascida, sofrendo com avisos e informações necessárias; porque alguns dias mais tarde, em um novo artigo, com mais ódio e mais escárnio que os anteriores, vocês se encarregam de anunciar que encontraram, nas livrarias de Bordeaux, um certo livro escrito ditado pelos Espíritos.

Então, uma multidão considerável de curiosos invadiu as livrarias onde havia *O Livro dos Espíritos*. As poucas centenas de exemplares que se encontravam neste momento em Bordeuax foram rapidamente levadas e, alguns meses depois, Paris imprimia uma nova edição deste livro que satisfaz e que fala à razão de seus leitores que estão ali hoje para sua mais nova edição, enquanto fazemos as contas dos milhões de adeptos que fazem parte dela.

Depois da leitura de *O Livro dos Espíritos*, ficamos convencidos da existência de Deus e da imortalidade da alma e, além disso, vemos, com o mais profundo espanto, que, na

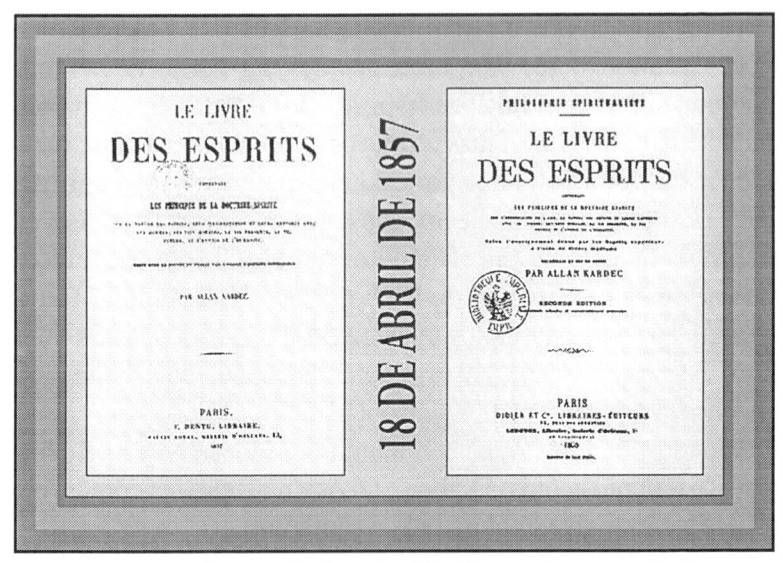

O Livro dos Espíritos

análise que fizeram deste livro, vocês provaram, não somente com um talento notável e ainda com uma lucidez extraordinária, parecida com a dos melhores sonâmbulos de *Saint-Jean*, porque vocês analisaram um livro, criticaram e riram da doutrina que ele continha sem tê-lo lido!

Esta é a última chance de proferir um milagre!

IV — Diversas Classes de Espíritos

Nas mensagens que os Espíritos nos trazem algumas vezes há contradições. Vocês transformaram isso em armas, senhores, em suas principais armas.

Isso prova, mais uma vez, que vocês se combinam para criticar em uma Doutrina da qual não conhecem nem mesmo uma palavra.

Eu sempre acreditei, por simples bom-senso, que não se pode louvar nem criticar uma coisa que não se conhece. Parece que eu estava errado. É o que aparentemente supus sem os sábios, os eruditos, os espíritos fortes que sabem tudo; enfim, os que, vindo ao mundo, trouxeram a ciência própria em companhia do pecado original.

A maior parte de vocês não assistiu a uma sessão espírita nem leu *O Livro dos Espíritos*. Portanto, o que vocês desprezam no Espiritismo? Talvez a palavra? Por que vocês não foram consultados para a sua criação? — porque é uma palavra nova.

Não? Não é a palavra? O que é então? Talvez o colorido da capa de *O Livro dos Espíritos*? (porque do livro vocês só viram mesmo a capa.) Ela é verde e verde não é o símbolo da Esperança? E a Esperança não é irmã da Caridade, que é nosso lema?

Temos a esperança de que, reconhecendo, enfim, que não podem atacar o *Espiritismo* sem saber *ao certo* o que ele diz, vocês suspendam durante algum tempo sua hostilidade, o que lhes permitiria ler *O Livro dos Espíritos*.

Depois de feita esta leitura cuidadosamente, o Espiritismo terá ganhado seu litígio: os inimigos se tornarão seus adeptos. Então, vocês não ficariam mais surpresos pelas contradições que os chocam tanto; pelo contrário: ficariam espantados por terem suposto por um instante que não deveriam crer no Espiritismo.

Com efeito, se todos os Espíritos fossem da mesma opinião, eles estariam todos no mesmo nível, o que é impossível. Eles devem ser como nós: há os que são bons, há os que não são evoluídos, os sábios e os ignorantes; mas os sábios do outro mundo são mais sábios que os daqui, por causa de seu estado de erraticidade, eles retêm tudo o que aprenderam nas diferentes existências que puderam ter na Terra ou em outros planetas. Isso os faz rir? Entretanto, ainda assim é verdade que alguns de vocês o reconhecerão um dia: o dia em que decidirem ler o tal livro verde.

Quando se lê *O Livro dos Espíritos*, vocês verão, não se fica nem espantado nem surpreso por causa das lições que é possível observar nas respostas dos Espíritos. O que encontramos primeiramente no Espiritismo? A segurança mais tangível que depois de nós não havia nada, mas que, pelo contrário, depois de nossa morte, alguma coisa sobreviverá: a Alma! o Espírito! Mas, vocês podem dizer que não precisamos ser Espíritas para crer na imortalidade da alma. É verdade, mas o Espiritismo não se limita a nos provar a imortalidade da alma, ele vem nos fazer compreender o que, até hoje, era incompreensível para nós — e por vocês. Ele vem remover a escuridão que perturbava nossa razão, explicar essas coisas para os que jamais as puderam responder de maneira satisfatória. Quando desejávamos estender um pouco mais nossas investigações sobre este assunto, fechavam-nos a boca com essa mordaça que se chama mistério e tudo estava dito.

Os mistérios desaparecem diante do progresso e o Espiritismo é o progresso em relação à religião.

V — Os Mistérios Serão Desvendados

Nas ciências também havia mistérios! Tudo o que não se podia compreender há quinhentos anos, há duzentos anos, há cem ou mesmo há cinqüenta anos:

O vapor — mistério;
A eletricidade — mistério;
Os efeitos da luz — mistério;
A impressão — mistério;
etc., etc...

Todos esses mistérios desapareceram diante do estudo. A Química e a Física varreram esses filhos ilegítimos da ignorância e da superstição. Então, por que o progresso não viria ao socorro da Religião, fundindo e desvalorizando suas velhas moedas para fazer delas novas peças compreendidas por todo o mundo e presente em todos os países?

Se tivéssemos dito aos sábios para não procurarem compreender a eletricidade, o vapor, esses mistérios que não precisavam de mais pesquisas para serem aprofundados, o que teria acontecido conosco?

Estudando as ciências, os senhores sábios explicaram o trovão, os relâmpagos, o movimento da Terra, o caminho dos astros, o fluxo e o refluxo do mar, etc.

Estudando o Espiritismo, vocês explicarão o Evangelho; e esta missão, creiam, vale muito bem a outra. É a saúde do Mundo!

VI — Os Milagres não Existem

Para atrair a atenção de algumas pessoas para a nova Doutrina não é necessário fazer milagres.

O Espiritismo não os fez porque, para ele, milagres não existem. Os milagres são as coisas chamadas sobrenaturais. Ora, para o Espiritismo não existem coisas sobrenaturais porque ele explica tudo.

É certo que, antes do Espiritismo, se uma pessoa que não sabia desenhar fizesse uma paisagem, uma figura que não era reconhecida como um pintor de renome, dizia-se: Milagre! (Sr. Jaubert,[1] vice-presidente do tribunal civil de Carcassonne e de muitos outros)

---

1. Timoleon Jaubert (1806-1893), Vice-presidente do Tribunal Civil de Carcassonne, Cavaleiro da Legião de Honra, obteve com as poesias que os Espíritos lhe ditavam, prêmios no Concurso dos Jogos Florais em Toulouse. Essas poesias foram publicadas no livro "Fábulas e poesias diversas pelo Espírito percuciente de Carcassonne". Várias delas foram transcritas e comentadas por Allan Kardec em a *Revista Espírita*.

Se uma pessoa, por sua vontade, fizesse um livro sair das prateleiras de uma biblioteca e, por sua vontade também, esse livro fosse colocado, sem o intermédio de mão humana, sobre os joelhos de um dos assistentes, dizia-se: Milagre! (Sr. Home[2])

Se uma pena colocada sobre um papel levantasse sozinha e escrevesse algumas linhas, depois de ter sido abastecida com a tinta de um tinteiro localizado em outro cômodo, que passou, não só (o que seria, portanto, possível) através da divisória de vidro que separava os dois cômodos, mas também por uma abertura feita com um diamante pela fenda do recipiente, dizia-se: Milagre! (Todos os habitantes de Laroque-d'Olmes (Ariége) foram testemunhas deste fato.)

Se uma pessoa morta há muito (o tempo não representa nada no caso de reencarnação) voltasse, não somente visível, mas também palpável por todos os presentes, gritava-se: Milagre! Milagre! (Sr. Home)

Mas nós, Espíritas, podemos chamar de milagre e de sobrenatural os efeitos que o Espiritismo nos explica de maneira tão lógica quanto compreensível? Com certeza, não.

Mas os espíritos fortes — frágeis, talvez — (atenção: são os espíritos encarnados) dirão que, se víssemos com nossos próprios olhos fatos similares, talvez acreditássemos.

Daniel Douglas Home levitando

---

2. Daniel Douglas Home (1833-1886) médium de efeito físico que apresentava fenômenos extraordinários em plena luz do dia a quem quisesse ver: incombustibilidade, movimentos em objetos sem contato, teleguinesia, levitações, materializações. Foi estudado em universidades por famosos cientistas como William Crookes e nunca aceitou dinheiro para realizar sessões.

Primeiro, ninguém, nem vocês, está proibido de os ver se tivesse assistido às experiências. Como vocês não o tinham, se guardam de acreditar. Mas, digam-me, eu pergunto, vocês assistiram aos milagres de Cristo? Não, não é? Conseqüentemente, acreditam em sua palavra ou, se não acreditam, vocês não dizem nada e mantêm isso bem guardado para não serem subjugados por suas zombarias que insultam e amargam os ministros da Religião.

Quanto a mim, senhores espíritos fortes, eu não vejo mistérios em sua conduta. Os que estão entre vocês e que não estão satisfeitos com o que dizem as religiões conhecidas se calam; os que crêem se alimentam de mistérios (alimentação bem pobre!). Não há necessidade de qualquer tipo de critério para crer e ninguém quer admitir as revelações do Espiritismo sem critério. Melhor assim, não querem nem ler a filosofia que os Espíritos nos deram, nem dar um passo para ver o que gostariam que fosse provado a eles; mas, por retaliação, eles chamam de absurdo tudo o que ouvem dizer do Espiritismo, criticam e riem de uma coisa que não conhecem. É realmente curioso! Um cego que tivesse a pretensão de atirar e matar lebres que correm e perdizes em pleno vôo, não seria mais risível!

VII — O Poder de Deus

Os mais perspicazes, os que, estando decididos a assistir a algumas experiências, foram convencidos que havia algum tipo de manifestação ali, supuseram que era o Diabo que se comunicava. Quero dizer: *somente* os maus Espíritos têm este poder.

Para o que desejar refletir sobre essas afirmações, verá sem pena um profundo e monstruoso absurdo. Não valeria mais a pena negar a manifestação dos Espíritos do que procurar insinuar que somente os maus teriam esse poder?

Então, o poder do Diabo estaria no nível do poder de Deus? Os maus Espíritos estão, evidentemente, depois de vocês, sob ordem de Satã e os bons obedecem somente a Deus. Mas, vejam que o Diabo está envolto em dignidade e por pouco não parece que Deus seja seu subordinado!

VIII — Cada um é responsável por suas obras

O Diabo, para nos acolher melhor (em seus fornos, sem dúvida), envia-nos emissários que não encontram nada melhor para fazer, para nos prejudicar, do que pregar a caridade.

Eles dizem: "Amai-vos uns aos outros, evitem os fazedores de escâncalos, fujam deles, mas rezem por eles".

"Reprimam os maus pensamentos, lutem contra os atos vis, elevem-se a cada dia e os anos que te restam ainda serão suficientes para recompensar os anos inúteis".

"Não dê esmolas por obrigação, faça-o de coração e essa caridade será mais agradável a Deus que a do rico que verte todo o conteúdo de sua bolsa na mão do indigente".

Esses fiéis agentes do Diabo nos dizem que o inferno não existe e que seus fornos são figuras alegóricas que devem ser entendidas neste sentido, que o Espírito que não tiver uma boa conduta na Terra, infringindo as leis de Deus, experimentará, em seu retorno ao mundo invisível, sofrimentos semelhantes aos que fez aos irmãos encarnados durante sua passagem pela Terra. Que esses sofrimentos durarão até o arrependimento sincero tomar conta de seu coração, o que o fará obter o perdão de Deus, que poderá, então, conceder-lhe uma nova encarnação para permitir que se aperfeiçoe e que dê um passo em direção à felicidade eterna. Que daqui a um tempo mais ou menos remoto acontecerá a prestação de contas de cada alma que Deus criou à sua própria consciência.

Dante Alighieri (1265-1321), um iniciado nos Antigos Mistérios, usou figuradamente as figuras do Céu, Inferno e Purgatório para definir estados da alma, mas a Igreja se apoderou dessas imagens para suas ameaças às punições eternas.

    Coisa curiosa! Eu diria até miraculosa, se o Espiritismo não tivesse riscado esta palavra do *Dicionário Universal*, o Diabo, para nos deixar perdidos, começa por provar a existência de Deus aos que a negavam, porque os ministros da Religião tiveram falta de habilidade suficiente para não deixar que ela fosse compreendida. Os enviados de Satã viriam, para nos atirar em seus fornos, nos apresentar Deus como sendo a bondade e a justiça infinitas, enquanto os agentes de Deus, para nos conseguir a felicidade eterna, aconselhariam teorias que revoltam nossa razão porque elas não oferecem nada mais que um Deus injusto e mau.

    Que seja decidido.

    Os representantes de Deus nos dizem:

    "Se vocês cometerem uma falta e se não a confessarem antes de morrer, serão punidos *eternamente*."

    Eternamente! Vocês compreendem bem a dimensão de tal palavra? Não faltam advérbios no idioma francês, mas este, sozinho, ultrapassa milhares de milhões de bilhões de cúbitos[3] a

---

3. Nota do Trad.: Cúbito: antiga medida de comprimento equivalente a cerca de 50 cm.

extensão de todos os outros reunidos... Ah, meu Deus, quando penso nisso!

Os Diabos nos dizem:

"Cada um é responsável por suas obras. Deus (observe que esses diabos falam sempre de Deus) coloca o amor, a caridade, a misericórdia, o perdão das ofensas na posição das principais virtudes. Será que Ele mesmo teria falhas nas qualidades que Ele tornou um dever? Não haveria uma contradição ao atribuir a Ele bondade e vingança infinitas? Deus é justo e bom, creiam, e Ele não o seria de forma alguma, se destinasse penas horríveis, perpétuas, à maior parte de suas criaturas. Como Ele poderia fazer da justiça uma obrigação para seus filhos se não lhes deu os meios para que a compreendam? Além disso, não é da sublime justiça unida à bondade que depende a duração dos tormentos *dos esforços do culpado por se aperfeiçoar?*"

IX — Acreditar em Deus

O que pode ser reprovado nas teorias do Espiritismo?

Seria o fato de elevar a coragem, abatida por muito tempo, de um desafortunado que acreditou nisso, desde que demos a ele algo mais compreensível e mais fácil de digerir do que os mistérios?

Seria o fato de fazer crer em Deus quem não acreditava Nele?

Seria o fato de procurar fazer acreditar que cada um será punido por sua má conduta, pela qual ele será considerado culpado durante sua existência terrestre?

Seria o fato de fazê-lo acreditar que sua alma terá outra vez um envoltório carnal a fim de reparar as faltas que ela tiver cometido em sua existência prévia?

Mas tudo isso é lógico se pudermos contar já os milhões de corações restituídos a Deus por essas teorias.

Como? As teorias que aliviam o ódio, que acalmam os desesperados, que dão a prova tangível que depois de nós não há o nada; que detêm a mão prestes a bater por causa da certeza de uma punição proporcional à falta depois da morte; que faz de um malandro um homem honesto, são as teorias satânicas?

Em verdade, os desafortunados que procuram insinuar semelhantes monstruosidades estão mais perto de um hospício do que os Espíritas que eles pretendem conduzir para lá.

Em todos os casos, se, contra todas as probabilidades, vocês forem chamados a este local algum dia, não devem ruborizar-se por caminharem ao nosso lado; vocês estarão em boa companhia porque o Espiritismo conta hoje entre seus adeptos com sábios, pessoas letradas, artistas, oficiais, generais, magistrados, engenheiros, professores, senadores, embaixadores, príncipes, etc., o que vocês parecem ignorar a julgar pelos insultos que apresentam para publicação dizendo que todos os que se dizem Espíritas perderam a cabeça.

X — Comunicabilidade dos Espíritos

Vocês nem leram sobre o Espiritismo, talvez nem tenham assistido a alguma experiência; mas ouviram dizer que as almas dos que não estão mais entre nós se comunicam com os que vivem, seja pela escrita, seja por outro meio.

A isso, alguns de vocês respondem: se há comunicação, é fato do Diabo.

Outros dizem: Isso não é verdade.

Eu acredito que demonstrei suficientemente a monstruosidade absurda da resposta dos primeiros. Quanto aos últimos, perguntarei por que não é verdade, advertindo-os de que não me contento racionalmente com a resposta que deram até hoje: "Isso não é verdade *porque não pode ser verdade*".

É necessário, com efeito, ser dotado de muita dose de confiança com relação à sua luz, senhores, para se contentar com sua resposta: Isso não é verdade! Mas nós provaremos a vocês que isso não é verdade.

Nós tivemos a honra de oferecer muitas vezes a prova de que as mensagens são verdadeiras, vocês jamais quiseram ver.

Então nós os convidamos, senhores, a nos dar uma prova do contrário e verão que nenhum dos que terão a honra dessa convocação faltará ao chamado.

Mas, não, vocês não o fazem! A insanidade é uma doença contagiosa e vocês têm medo de ter contato com os loucos.

Paciência! A doença espírita é, certamente, contagiosa e não demorará para que vocês sejam atingidos por ela porque o ar está impregnado dela e os bons Espíritos saberão muito bem como encontrar a maneira de fazer soprar os ventos para o seu lado.

XI — A Fé Verdadeira

Vocês disseram que o Espiritismo só tocava os loucos.
Esses loucos te respondem:
Nos estudos espíritas, o homem encontra a fé mais verdadeira; neles, a consciência encontra o repouso; neles, o espírito e o corpo encontram a saúde.

Aos que dizem que nossas mensagens são ditadas pelo Diabo, respondemos:

O diabo que ensina a amar e a servir a Deus e a nosso próximo como a nós mesmos pode parecer-se com um bom diabo, a menos que, como nos disse um de nossos irmãos, tenha ficado velho e se tornado eremita e propagador do Evangelho.

XII — Educador de Almas

Alguns, entre vocês, criticam o Espiritismo porque só vêem nesta nova ciência — como poderia ser chamada, com justiça, complementar de todas as outras — a parte experimental; eles crêem, em resumo, que seus adeptos não fazem outra coisa a não ser evocar os espíritos para lhes fazer perguntas banais, sem objetivo moral e tudo simplesmente para passar o tempo e satisfazer à sua curiosidade.

Bem, senhores, vocês se enganam profundamente.

Nós estudamos o Espiritismo não para nos divertir, mas para nos instruir moralmente, tornarmo-nos melhores e para buscar explicações para o que, depois de mil e oitocentos anos, chamamos mistério que, por causa de certas palavras de Cristo que, ao pé da letra, pareciam uma desgraça ridícula para a razão. Os Espíritos ensinam-nos que suas palavras são todas simplesmente sublimes, se as considerarmos como narrativa alegórica e é para este fim e não para outro que os bons Espíritos interpretam o Evangelho.

Não é necessário crer, senhores, que os Espíritos negam atrevidamente o Evangelho; eles são, pelo contrário, seus seguidores sinceros. Há entre o Evangelho e o Espiritismo uma conexão evidente. Estudando um, estuda-se e explica-se o outro, e não é possível deixar de encontrar nesse estudo a prova de que Deus é Deus, isto é: bom, clemente, justo; enfim, o Espírito puro por excelência e o Ser mais completo sob todas as palavras que podem existir no Universo, que é sua obra e não do acaso, como o admitem os materialistas e os ateus.

Bem, senhores, com a mão na consciência, vocês acreditam que se Deus fosse como nos mostram os que, até hoje, estão encarregados de comentar e explicar as palavras dos apóstolos, Ele não teria defeitos?

Primeiro, Ele seria justo? Não, porque concederia a felicidade eterna a uma alma cuja visita de somente duas horas sobre a Terra não havia tido a oportunidade de fazer nem bem, nem mal. Vocês dizem que Deus tem seus segredos; mas também admitem que Ele é coerente? E Ele não o seria porque para desfrutar da felicidade eterna é necessário merecê-la e, da mesma maneira, para ser punido pelas chamas eternas do inferno é necessário ter merecido.

Deus criou as almas e deu a cada uma um envoltório carnal, que é o corpo, e disse a ela: Agora, vá! E guarde bem isso: Os que, entre vocês, infringirem as minhas leis serão punidos, e os que agirem de acordo com ela serão recompensados. É dessa maneira que vocês ouviram, não é? E é assim que os Espíritas o compreendem.

Mas o que não era possível compreender antes do Espiritismo era a criação de uma alma para uma existência de dez minutos, por exemplo. Por que essa curta passagem na Terra? Se essa alma estava destinada anteriormente a desfrutar da felicidade eterna, procuraríamos em vão a utilidade de sua aparição infinitamente curta na Terra. A doutrina da reencarnação, ou pluralidade das existências, explica isso; mas se não o admitirmos, perguntar-nos-emos, então, qual era o objetivo do Criador?[4] E essa questão parece justamente acabar com a razão e confundir as idéias. Nós não descobriríamos isso para justificar Deus. Ora, como não poderíamos questionar Deus sobre injustiça, encontramos a palavra mistério e nela envolvemos tudo o que não compreendíamos, como as administrações se safam em dossiês chamados *diversos*, tudo o que não podíamos classificar racionalmente de outra maneira. Peço perdão aos meus leitores por essa comparação material, mas...

---

4. Consultar logo à frente a carta dirigida ao Sr. B... sobre esta questão e que está mais desenvolvida.

Em seguida, Ele seria bom? Não, porque infligiria a suas criaturas penas eternas pelas faltas cometidas na existência terrena e somente para os que não tivessem confessado essas faltas antes da passagem da vida material para a vida espiritual. Não, mais uma vez, porque um homem que tiver se maculado com todos os vícios e se arrepender antes de morrer seria salvo do inferno, enquanto outro que tiver sido bom, caridoso com todos, amando a Deus sobre todas as coisas, mas tiver praticado outra religião que não seja a católica, estaria perdido sem volta somente porque esteve fora da Igreja, portanto: *"fora da Igreja sem salvação!"*.

XIII — Pluralidade das Existências

Vocês crêem que não seria mais coerente e, sobretudo, estaria mais de acordo com a bondade e a justiça de Deus admitir que, em vez de punir eternamente uma alma pela falta cometida em sua existência terrena, o véu das trevas que lhe cobria os olhos se rasgará cedo ou tarde e que, então, a verdade apareceria para ela com seu séquito de luzes vivas, ela pedirá o favor de uma nova encarnação, com o intuito de se comportar melhor nesta nova existência, a fim de dar um passo em direção a Deus?

Não é terrível pensar que, morto em pecado mortal, não há maneira de sair de lá?

Como? Na Terra eu era um desafortunado sem instrução, exaltado pelos pais que riam quando se falava de Deus; que me diziam que só os tolos acreditavam em Deus e que talvez me tivessem maltratado se eu tivesse dito o contrário; que me proibiam de sair com medo que os outros me fizessem crer no que eles chamavam de estupidez, de tolices, de absurdos; que não me mandaram para a escola para ter a certeza de que eu nunca leria nada que me fizesse crer em Deus; que, em resumo, fizeram de mim quase um animal; não é terrível, eu diria, pensar que por causa de tudo isso eu seria punido eternamente? Talvez, diante dessas considerações vocês me concederiam o favor das circunstâncias atenuantes e me dariam a graça de um lugar no purgatório? Mas o purgatório está bem longe da felicidade!

E para chegar à felicidade eterna o que preciso fazer? Exigirão de mim um arrependimento? Mas como posso me arrepender se não cometi nenhuma falta *por minha própria vontade*? Não é um arrependimento que eu poderei ter, mas um imenso pesar de ter caído nas mãos de pais que só me causaram infortúnios.[5]

Tive um irmão que, se tivesse ficado o mesmo tempo que eu na Terra, teria inevitavelmente a mesma sorte; mas ele teve a felicidade notável de morrer dez horas depois de seu nascimento *e depois de ter recebido o batismo*. Este irmão, que eu verei no Paraíso, desfruta as bem-aventuranças eternas, enquanto eu não estou mais nos infernos e sim em um lugar transitório, que é para o Inferno o que uma casa de correção é para uma prisão. Se Deus, eu repito, não me concedesse a graça de uma nova existência, como eu sairia de lá?

Bem, senhores, vocês que criticam o Espiritismo e subjugam com piadas os seguidores da doutrina da reencarnação tentem, então, responder a estas questões de maneira adequada à justiça e à bondade de Deus. Admitindo a pluralidade das existências, sim, não a rejeitando, jamais!

---

5. O Espiritismo diz: Os pais serão chamados à reflexão e o Espírito ao qual eles dedicaram tão pouco cuidado recomeçará uma nova existência. Para obter mais informações, consulte *O Livro dos Espíritos*.

XIV — A Busca da Felicidade

Vocês acreditam, então, senhores, que evocamos os Espíritos para que eles revelem nosso futuro? Para perguntar a eles onde se encontram os tesouros escondidos? Para perguntar para eles quando nos casaremos; se vamos viver por muito tempo; se seremos felizes em casa? Vocês acreditam, por fim, que perguntamos como poderíamos aprender o que só se aprende trabalhando, como arquitetura, música, desenho, química, física, álgebra, etc.? Não, senhores, não. Nós não perguntamos nada disso; fazemos questões de modo que eles possam dar respostas naturalmente, não nos revelar o que só se pode adquirir por meio de trabalho, não como nos fazer descobrir as riquezas pecuniárias, mas outros tesouros também preciosos: *Consolo, Resignação, Esperança, Fé, Caridade, Amor*; riquezas espirituais que, acumuladas, permitirão a nossas almas fazer a mais bela aquisição que elas poderiam ambicionar: *a felicidade eterna!*

XV — Deus é a Criação

O Espiritismo esclarece, todos os dias, as categorias do materialismo.

Para provar isso, eu não poderia fazer nada melhor do que relatar aqui os elementos de uma conversação que aconteceu entre um de meus amigos, porteiro de uma sociedade beneficente, e eu. Confesso que estava longe de acreditar que seu espírito fosse capaz de semelhantes reflexões.

"Veja, ele me disse, você sempre tem me falado do Espiritismo. Você me disse que o espírito, a alma, enfim, *o que quer que seja*, sobrevive depois de nossa morte, poderia, por meios que eu ignoro, manifestar-se a nós: eu pareço incrédulo até este momento e, entretanto, sozinho comigo mesmo, faço agora reflexões que tendem cada vez mais, se não me fizerem crer nessas manifestações, pelo menos me levem a admitir a possibilidade.

Eu me pergunto com bastante freqüência: como é possível que depois de nossa morte tudo esteja acabado para nós? É difícil acreditar. Alguma coisa, uma voz interior, diz-me que não é assim...

Jesus, Pescador de Homens

Ontem, à tarde mesmo, enquanto eu estava sozinho no meu posto, refletindo sobre isso, coloquei meus olhos e, ao mesmo tempo, minha mão em um livro, soltando a pena que minha mão segurava, coloquei sobre o livro, peguei-o, abri-o e li-o.
— De repente, fiz esta reflexão:

"Como é possível que minha mão esteja sobre este livro? Qual é a força que a faz agir? Evidentemente todo o meu corpo é só uma máquina e meu braço uma das peças desta máquina. Como esta máquina funciona? É preciso admitir que alguém, alguma coisa, enfim, uma força da qual eu ainda não tinha me dado conta a faz mover-se. E o que é esta coisa? E de repente a idéia de uma locomotiva me veio à mente. Mas, eu pensei, evidentemente eu tinha sido, até o momento, só uma locomotiva. Ela também se move, age, vai e vem, seus *braços* e suas *pernas* se movem uma a uma ou simultaneamente sem que ela se dê conta do que a faz mover-se. Então, eu disse a mim mesmo: o homem que supõe que depois de sua morte tudo está acabado pode ser comparado a essa máquina. Mas, refletindo seriamente, a razão diz-nos que deve ser diferente para o homem. Essa máquina funciona, é verdade, sem perceber seus movimentos; mas com certeza houve um impulso com uma intenção, porque não há efeito sem causa; ora, se essa máquina se move, é porque, antes de qualquer coisa, foi necessário criá-la. Quem a criou? A ciência, a imaginação humana. O que a faz mover-se? O homem outra vez: a mecânica. Essa máquina obedece, então, a uma força que não conhece. Muito bem. O homem que age, que vai, vem, sem procurar perceber todos os seus movimentos é, sem dúvida alguma, o que chamamos um ateu; e, raciocinando, ou melhor, sem racionar, como de fato faz, não deixa nada a desejar para essa locomotiva. Se refletisse um pouco ele reconheceria, como eu reconheci agora, que, quando nossa mão ou parte da máquina humana se coloca sobre qualquer coisa, pega o objeto e o coloca onde bem entende, esta mão obedece evidentemente a uma força qualquer que deve ser a Alma, o Espírito, a Inteligência, pouco importa o nome que dermos a ela. Muito bem. Eu disse que esta força, da qual eu não tinha me dado conta até aquele momento e que eu chamava simplesmente de *minha vontade*, é para o meu corpo o que o vapor ou a força motriz é para a locomotiva. Deus criou o homem. Ele lhe deu uma força motriz que é a alma, o espírito, a inteligência. Essa máquina funciona pela vontade de Deus, como a locomotiva funciona pela vontade do homem. O homem, portanto, é para a locomotiva o que Deus é para a máquina-corpo do homem ou, em outros termos, o homem é o mecanismo da locomotiva e Deus é o do corpo humano, com a diferença de que a locomotiva não pode saber o que a faz mover-se, enquanto o homem não deve ignorar quem lhe deu o movimento; porque Deus deu ao homem o conhecimento de seu mecanismo, a inteligência, enquanto o homem não pode dar inteligência a outra coisa".

Esta comparação pode ser considerada uma boa ou uma má escolha, o que não podemos deixar de dizer é que o homem que a fez era ateu e não é mais. Vê-se que seu espírito trabalha através do rude envoltório que o rodeia e faz todos os esforços para dissipar a nuvem densa que obscurecia sua razão. Ele encontrou uma diferença entre o movimento de uma locomotiva e o de seu corpo e isso é grandioso. Quantos instruídos, sábios e eruditos, ateus e materialistas passaram com suas armas e bagagens de incredulidade para o outro mundo sem ter, como meu amigo, captado a verdade deles mesmos! Portanto, eles reconhecerão um pouco tarde (eu não quero dizer muito tarde porque essa idéia pode ser entendida dessa maneira: sem remédio — diante de Deus que é a justiça e a bondade infinitas, um mal não é sem remédio). Portanto, eu digo que eles reconhecerão um pouco tarde que o homem, o espírito encarnado, que eles abandonaram na Terra fazendo a comparação que acabo de falar, estava mais perto da verdade que eles; eles que pensavam que tudo acabava com a vida terrena! Eles verão o contrário, que tudo está para recomeçar; mas não sem ter antes expiado durante algum tempo, no estado dos espíritos errantes, as faltas cometidas na existência que tiveram na Terra.

Como complemento dessas reflexões, eu acredito que tenho que oferecer aos meus leitores uma cópia de duas cartas que eu escrevi para o Sr. B..., católico fervoroso de Bordeaux e partidário ardente do dogma da eternidade das penas do Inferno.

Cartas a um católico

Primeira carta

Bordeaux, 25 de outubro de 1862

Prezado Senhor B...

Permita-me responder às palavras que você disse a respeito do dogma da eternidade das penas do Inferno e da doutrina da Reencarnação.

Antes de abordar a questão, eu peço a você permissão para entrar em alguns detalhes que, mesmo sendo pessoais, encontram espaço aqui.

Eu, com certeza, acreditava em Deus antes de conhecer a Doutrina Espírita; mas sempre dizia, com bastante pesar, que esse Deus não era justo, o que era, ao mesmo tempo, uma blasfêmia e uma negação porque, se Deus não fosse justo, Ele não seria Deus. Mas minha razão estava confusa pelo que eu escutava dizer de Deus pelos mesmos que tinham recebido a missão de nos fazer conhecer e de nos fazer compreender. Eu falo dos ministros da religião católica.

Eu não ia sempre à igreja porque pensava que a oração que fazia sozinho, se fosse de coração, também seria agradável a Deus como a feita em uma igreja. Entretanto, eu fui algumas vezes à igreja porque me parecia que Deus me reprovaria se não visitasse com mais freqüência o lugar especialmente destinado a orações. Eu temia, confesso, escutar o padre falar porque depois de um sermão eu saía da igreja com o coração inchado e a alma doente. Minha razão recusava-se a acreditar no que eu tinha escutado e confesso sinceramente que se tivesse assistido com mais freqüência aos ofícios e aos sermões teria me tornado cético.

E lá estava eu com as minhas idéias negras quando a Doutrina Espírita apareceu para o mundo. Falava-se em toda a parte sobre a manifestação dos Espíritos, das mensagens que as pessoas chamadas médiuns recebiam. Eu quis ver ou escutar o Diabo e, para isso, assisti a uma sessão e comprei *O Livro dos Espíritos*. Eu li e fui salvo porque, depois desta leitura, minha crença em Deus tornou-se infinita, como Sua bondade e Sua justiça. Veja, então, até onde conduz esta nova Doutrina que o Diabo nos deu, cujo autor era um herético e os partidários, hereges.

Examinaremos outra vez, se você desejar, em que estão fundadas as suposições dos que dizem que é o Diabo que se comunica. Entretanto, você me permite dizer que se o Diabo é um bom diabo, um diabo cor-de-rosa, porque ele soube fortificar a minha fé, aumentar a minha coragem: enquanto o que me diziam de Deus e da alma era que eu estava infalivelmente perdido, indo cada vez mais em direção ao miserável campo dos ateus, dos céticos e dos materialistas...

É lógico, meu caro Senhor B..., condenar uma coisa sem a conhecer? Todo homem sensato responderá negativamente a esta questão.

Por que, então, tantas pessoas, quando se fala de Espiritismo, dão uma importância medíocre a esta questão nova de interesse tão palpitante e se enchem de consolo para a vida além-túmulo? Parece que a nova Doutrina vem nos afirmar as coisas de modo contrário às idéias restritas nas quais vocês nos embalaram depois de nossa infância, que não podem ser aceitas sem um certo escrúpulo que desaparece diante do mais simples exame.

Se, por exemplo, estabelecermos uma comparação entre o que nos disseram sobre a nossa alma depois de nosso nascimento, o que nos ensinaram sobre a vida futura, sobre as penas e as recompensas que nos esperam depois de nossa morte e o que vem nos dizer a Doutrina Espírita, não podemos deixar de reconhecer, de um lado, a obscuridade mais profunda e a injustiça mais flagrante e, de outro, a luz mais radiante e a justiça mais lógica.

Com efeito, se o Espiritismo tivesse sido ensinado em nossa infância e se hoje tentássemos substituí-lo pelas idéias que o Catolicismo nos deu e as que tanto defendemos, com certeza não teriam os adeptos que o Espiritismo faz porque pareceriam muito contrárias à sanidade. O que o Catolicismo nos diz sobre as penas eternas, as chamas do inferno, etc., far-nos-ia rir e trataríamos como insanos e loucos os que ousassem preconizar uma doutrina parecida e tenha certeza que muito em breve o mundo rirá disso.

Nós somos feitos assim: uma idéia falsa, ilógica, absurda, irracional que nos tenha sido inculcada à medida que nossa inteligência se desenvolve acaba por se enraizar e se tornar tão natural que, mesmo que uma voz interior nos diga "Isso é falso", só podemos rejeitá-la com um grande pesar para substituí-la por uma idéia lógica, verossímil, resumindo, lavada e expurgada de toda espécie de irracionalismo.

O Espiritismo e o Catolicismo *dizem* juntos que a justiça e a bondade do Criador são infinitas; muito bem. Mas como conciliar esses dizeres com o dogma da eternidade das penas? Se, por uma falta, qualquer que seja sua gravidade, Deus, a bondade suprema, condenasse uma alma a sofrer *eternamente*, não seria menos bom que nós, suas criaturas imperfeitas? Porque não faltam exemplos em que vemos um pai, em um espaço de tempo infinitamente curto que dure sua existência se comparada à eternidade, perdoar seu filho, cujo arrependimento é sincero, de uma falta das mais graves. Em nossa religião, vocês dizem: Deus também perdoa se o arrependimento é sincero. Sim, mas vocês deixam crer que é preciso que o arrependimento aconteça antes da morte e que depois dela não há esperança. É necessário, segundo seu sistema, que uma alma atinja a perfeição em apenas uma existência, neste curto espaço de tempo que é um raio, um átomo comparado à eternidade. Não, isso não é possível. Se vocês não admitirem a pluralidade das existências, a reencarnação, essa doutrina sublime que retira o véu de todos os mistérios e vem, enfim, mostrar-nos, de maneira compreensível e lógica, que, assim, uma alma *pode* chegar à perfeição, tudo ficará confuso e a razão só pode admitir que, em uma única existência, uma alma pode galgar todos os degraus da perfeição e ir direto para ao Céu, enquanto outra iria para o Inferno queimar eternamente!

Mais que isso, vocês acreditam que uma alma cuja existência terrestre não terá sido nem de duas horas irá direto para o céu por causa da condição *de ter recebido o sacramento do batismo.*[6]

Por quê? Vocês não sabem. Vocês dizem somente que Deus tem Seus segredos e que não é necessário procurar se aprofundar neles; o que volto a dizer: nós não compreendemos e não queremos compreender.

Vamos tentar outro exemplo:

Uma criança nasce, é batizada e morre imediatamente depois; sua alma, vocês dizem, vai direto para o céu gozar de felicidade eterna.

---

6. O fanatismo de alguns católicos às vezes é levado ao extremo de maneira revoltante. Uma pessoa me assegurou que um distrito da França dividiu seu cemitério em duas partes: uma abençoada, a outra, não. Nesta última são enterradas as crianças que tiveram a infelicidade de morrer sem serem batizadas. A mesma pessoa me disse que conhece católicos que só beijam seus filhos depois de eles terem recebido o sacramento do batismo. Desse modo, se as infelizes criaturas vierem a morrer antes que lhes seja administrado este sacramento, elas deixarão seus pais sem ter recebido um só beijo e seus restos mortais serão relegados na parte não abençoada do cemitério, para evitar, sem dúvida, *o contágio de seu crime.* Devo acrescentar, porque não podemos atribuir esses fatos à ignorância ou à superstição, que esses católicos fazem os nomes deles serem precedidos da partícula DE.

Uma pessoa morre aos noventa anos; o amor e a caridade foram seu lema; resumindo, ela não se desviou um só instante dos preceitos de Cristo, sua alma vai, como a da criança, direto para o céu; muito bem. Mas, se a recompensa dessas almas é igual, Deus não pesa, então, suas recompensas na mesma balança? Porque, se você admitir só uma existência para cada alma, onde está o mérito da que chegou à perfeição noventa anos depois que a outra? Que bem ela fez? Onde estão as penas, as tristezas, os sofrimentos, todas as vicissitudes da vida humana que ela suportou com resignação, como a que viveu noventa anos? É certeza que, se a criança tivesse vivido noventa anos, sua vida teria sido isenta de falhas?

De duas uma: ou essas duas almas tinham sido criadas ao mesmo tempo que seus corpos (como vocês admitem) ou elas já tinham vivido (como nós admitimos). Se elas tinham sido criadas ao mesmo tempo que seus corpos, expliquem, então, por que esta difícil provação para uma e não para a outra? Onde está a utilidade de criar uma para uma existência de duas horas e, por outro lado, de noventa anos, para os fazer chegar ao mesmo objetivo, com noventa anos de intervalo? Ou seria a justiça de Deus criar duas almas *similares* e, então, punir (porque é uma punição) a de noventa anos com existência terrena para chegar à felicidade eterna, enquanto a outra chegou ali não vivendo mais que duas horas? Admitir isso repugna muito a razão porque é acusar Deus de parcialidade. Ora, encontrar um defeito em Deus é subestimá-Lo.

Se, pelo contrário, elas já tivessem vivido, se admitíssemos a pluralidade das existências, a reencarnação, ah!, então a verdade apareceria com seu séquito de luzes fulgurantes e nós teríamos a solução do problema que vocês chamam de mistério e poderemos explicar como esta alma, que não fez nem bem nem mal nessas duas horas de existência, pode ter ganho a felicidade eterna, dizendo que o pouco tempo que ela ficou sobre a

Terra era o que faltava para completar uma existência anterior interrompida diante do prazo desejado ou, ainda, que sua morte foi uma provação ou uma expiação para seus pais. Neste último caso, o Espírito de uma criança deve recomeçar outra existência. (*O Livro dos Espíritos*, questão 199)

Essa expiação para os pais pode ser explicada assim: seu pai ou sua mãe, em uma existência precedente, pode ter causado a morte de uma criança querida por seus pais. Deus, por punição, teria dito: Em sua próxima existência terá um filho que você amará muito e que a morte virá arrebatar, com o único objetivo de fazer você sentir a mesma dor que fez outros provarem.

Isso explica também as palavras alegóricas de Cristo: "O que ferir por espada, será ferido por espada". Isto é, em outros termos: o que fizer seu semelhante provar sofrimentos terá sofrimentos semelhantes.

Eis, meu caro Senhor B..., as reflexões que me sugeriram depois das palavras que você disse a respeito da doutrina da reencarnação e do dogma da eternidade absoluta das penas, rejeitada pela Doutrina Espírita da qual eu tenho a alegria de ser um dos adeptos mais fervorosos, ao mesmo tempo que me subscrevo como seu humilde servo,

J. CHAPELOT

SEGUNDA CARTA

Prezado Senhor B...

Você tinha prometido a mim uma resposta escrita para a carta que eu tive a honra de endereçar a você em 25 de outubro último, a respeito do dogma da eternidade das penas. Sua resposta, você disse, me abrindo os olhos, far-me-ia deixar a visão maligna na qual o Espiritismo tinha me engajado para me colocar na bondade, na verdade, a única, resumindo, que conduz à felicidade eterna.

Depois de quinze dias de espera eu só recebi uma resposta verbal, assim sabida: "Por respeito ao dogma, eu não posso, meu caro Chapelot, responder à sua carta".

Portanto, eu não insistirei mais para ter a carta que você ma tinha prometido, mas você me permite dizer que sua resposta, que eu não posso deixar de classificar de outra maneira, não brilha para a caridade. Como? Você conhece um meio que poderia parar pela metade uma viagem desafortunada em que o passaporte tem visto para o inferno e você não usa este meio? Isso é mal... Você me disse que isso não serviria para nada... E o que você sabe? Tente sempre, você terá pelo menos a satisfação de ter cumprido seu dever...

É para cumprir o meu, meu caro Senhor B..., que peço sua permissão para dirigir a você mais uma vez, sobre esta inextricável questão da eternidade das penas, algumas novas questões e reflexões, sem as quais minha carta de 25 de outubro ficaria incompleta.

Ei-las:

Você tem certeza de que vai escapar dessas penas eternas que preconiza com tanto fervor? Você está tão certo de suas virtudes que não morreria em pecado mortal? Fique atento! Isso seria orgulho e este orgulho foi a perdição da espécie humana. Você diz, sem dúvida, que tem o cuidado de se munir de sacramentos antes de morrer e que, assim, todas as faltas, por maiores que sejam, serão apagadas. Muito bem. Mas você não pode ser atingido por um raio e por um trovão? Ser morto em um acidente qualquer ou mesmo durante o sono, sem ter tempo para refletir? Se o sábio peca sete vezes por dia, como se diz, quantos devem ser pegos de surpresa e você pode ser o primeiro de todos. Pense no estado de sua alma depois de sua morte e pergunte-se se, quando acontecer, você não preferiria que Deus te concedesse a opção de reparar seus erros pelo menos da encarnação que você não quer admitir.

E aqui vai outra pergunta que eu sempre me faço, que muitos outros, como eu, fazem-se e para a qual eu nunca pude ter uma solução satisfatória. Esta questão é: um homem teve em toda a vida a conduta mais depravada, mais criminosa, estava manchado por vícios; mas, no momento de morrer e durante alguns minutos, ele cumpriu escrupulosamente os deveres religiosos e recebeu uma absolvição plena e total. Outro foi em toda a vida um homem de bem, bom, caridoso, indulgente para todo mundo, honesto em todas as acepções da palavra, amando a Deus e adorando-O do fundo do coração; mas ele não praticou de acordo com a Fé; ele foi, como você quiser, deísta, protestante, judeu ou muçulmano e, voluntária ou involuntariamente, não recebeu a absolvição derradeira. Qual é o destino de cada um na vida futura? Se o primeiro for salvo, ele não teve penas; se o segundo não foi, de que serviram todas as suas virtudes se sua sorte seria a mesma se ele tivesse feito o mal? Se ele puder ser salvo, no que se transforma a máxima: fora da Igreja sem salvação.

A questão é grave porque ela interessa a bilhões de homens para a eternidade. Não cheguei a uma conclusão, eu simplesmente a faço e ficaria encantado se você me pudesse dar uma solução satisfatória para a razão e de acordo, sobretudo, e em todos os pontos, com a justiça soberana e a bondade soberana de Deus.

Eu termino esta segunda carta conservando a esperança de uma resposta e lhe apresentando meu mais sincero respeito.

Seu mais humilde servo,
J. CHAPELOT

(Essas duas cartas permaneceram sem resposta.)

Segunda Parte

Mensagens e Cartas
Recebidas pelo Sr. August Bez,* médium

O Espiritismo e as Escrituras Sagradas

Irmãos, Deus, que é todo santo, todo bondade, todo justo; Deus que resume a perfeição de todas as perfeições, criou-vos a fim de fazer chegardes um dia à Felicidade suprema e eterna. Mas, em sua sabedoria, Ele quis que esta felicidade sem nome fosse adquirida por vós por meio de seu trabalho e de seus esforços; Ele não vos quis criar perfeitos e jubilosos porque sua felicidade será muito maior, muito mais imensa se vós a atingirdes por vós mesmos, se Ele a conceder somente por vossa chegada à perfeição.

Para alcançar este objetivo, o Eterno, o Todo-Poderoso Criador faz-vos passardes sucessivamente por todas as penas e todas as misérias; vós passais por todas as situações, todas as fases da vida; vós sois submetidos a todas as provações e Ele vos faz lutar, lutar com ardor.

A fim de iluminar a humanidade em sua marcha progressiva em direção à perfeição, em diversas épocas Deus ditou leis em relação com o estado mortal e intelectual dos homens aos quais Ele se dirige. Para não voltar à noite dos tempos em que Deus tinha apenas inculcado no coração dos homens a intuição de uma divindade criativa e conservadora, eu só falarei das leis que se aplicam a nós e que foram dadas ao povo judeu por

---

* N. do E.: Deste autor, sugerimos a leitura de *Os Milagres dos Nossos Dias*, Madras Espírita.

intermédio de Abraão, de Moisés, de todos os profetas e, finalmente, por Jesus Cristo, o grande e sublime profeta que veio nos dar o complemento das leis que Deus destinou à sua pobre natureza.

Portanto, acreditem, minhas queridas crianças, que a palavra que Cristo veio trazer para a Terra contém tudo o que os Espíritos precisam enquanto estiverem encarnados na Terra. Eles têm de se elevarem e se aperfeiçoarem, as verdades que os Santos Evangelhos contêm nunca estarão abaixo de suas inteligências. Quanto mais eles forem grandes em sabedoria e em ciência, mais eles encontrarão nelas coisas belas, coisas admiráveis que nunca tinham visto antes.

Jesus Cristo mesmo disse: "**Minha palavra não passará**".

Não, não passarão Suas sublimes palavras, oh, meu divino Salvador; não, elas não passarão, porque tanta é a inteligência do homem que ele mergulhará neste abismo de abundância e de sabedoria, de coisas sublimes e que são superiores a ele; ele descobrirá aí as leis em harmonia com o progresso da luz e dos deveres em harmonia com essas leis.

E eu só quero que eles provem que as novas doutrinas que são pregadas a vós hoje pelos Espíritos que deixaram a Terra; essas doutrinas resumidas em uma única palavra que, por si só, contêm muitas coisas: **O Espiritismo**.

O Espiritismo, meus filhos, está escrito em letras de ouro em cada página dos Santos Livros e, quanto mais vós os estudardes com cuidado, mais vós descobrireis neles tudo o que o Espiritismo ensina a vocês. Começando com a sublime e racional teoria da **reencarnação**, escrita em todas as letras nas belas palavras de Jesus a Nicodemos:

"**Em verdade eu vos digo que é necessário que o homem nasça outra vez para chegar ao reino dos céus.**"

Até a negação do *Inferno* tão claramente expressa nessas:

"**Deus não quer a morte do pecador, mas sua conversão e sua vida.**"

Admirem, então, e estudem os Livros Santos e, a exemplo dos discípulos de São Paulo, cada vez que pregarem uma doutrina nova, **"Investiguem as escrituras para ver se o que é ensinado a vós está em conformidade com elas."**

Possa o Todo-Poderoso, fonte excelente de toda a graça e de todo dom perfeito, vos abençoar e abreviar suas provações, derramando sobre vós, com abundância, os tesouros de sua sabedoria!

O amor

Pergunta — O amor, livre de toda sua idéia de sensualidade, não é um sentimento natural que se impõe e que é compatível com nossos deveres morais?

Resposta — O amor puro é um raio celeste que Deus, em Sua bondade, deixou cair do alto de Seu trono resplandecente para que os pobres Espíritos encarnados na Terra se aqueçam, de vez em quando, em seu doce calor e nele encontrem grandes e fortes consolos que possam ajudá-los a suportar com um pouco mais de calma as angústias da luta.

Mas como todos os bens que o Eterno quis confiar aos homens, este, talvez o mais importante, o mais doce, o mais suave, foi manchado pelo contato com a matéria à qual nós estamos submetidos e, de virtude beneficente, parece-nos, mais freqüentemente, uma paixão terrível que nos leva algumas vezes aos últimos limites da abominação e da infâmia.

Oh, homens, crede em minhas palavras: libertem o amor das amarras em que a paixão o envolve e aí encontrarão, sobre a Terra, o gosto antecipado que dá uma idéia — uma prévia das mais preciosas alegrias do Céu, porque junto aos Espíritos superiores que vivem nas esferas celestes em que a matéria é tão tênue que não existe se comparada com a sua matéria vil e grosseira, junto a eles e como eles, vós vereis um dia que toda sua vida se passa em um amor eterno, puro e sem manchas, como tudo o que é celeste.

Louvores dirigidos aos médiuns

Amigos, existe um grande defeito em quase todos os grupos espíritas.

Esse defeito é grande o suficiente para conduzir à perda de médiuns e, com eles, as pessoas que quase se convenceram, vendo esses médiuns sendo mal-recebidos e abandonando a prática da doutrina que eram os primeiros e mais ardentes a ensinar, desencorajando-se mais facilmente e abandonando a busca da verdade.

Por causa dessa falta, é útil que saibais o seguinte:

Louvores que são dirigidos aos médiuns pelas mensagens que eles recebem.

Geralmente, esquecemos que o médium não é só uma máquina que o Espírito move segundo sua vontade e, sim, pela desta máquina; o Espírito faz qualquer tipo de bom ensinamento e dirigimos elogios ao médium que está bem longe de os merecer e que, muito freqüentemente, os conduz à sua perda porque, ai!, ele tem uma tendência forte demais a se iludir sobre as suas qualidades e os louvores enchem-no de orgulho.

Fase de uma Sessão de Materialização (Biblioteca Municipal de Lyon)

Então, ele vê com desdém as mensagens recebidas por seus irmãos, se elas não estiverem marcadas com o mesmo sinal de grandeza que os que ele mesmo recebeu, despreza-as e os Espíritos que ditam a eles e os médiuns que traduzem estes e aqueles são desencorajados, renunciam ao exercício de seu privilégio.

Que pena! Inchado de orgulho você se dedica ao orgulho, esta armadilha odiosa que não cessam de oferecer os maus Espíritos e, então, você se torna a vítima inevitável dos Espíritos zombeteiros, desprezíveis e tiranos que inspiram suas mensagens falsas e errôneas; que, pouco a pouco, jogam todo o seu império sobre você, impondo-lhe todas as suas vontades e lhe retirando dos grupos sérios onde você sempre ia porque eles têm medo de ser desmascarados ali pelos homens austeros e direitos e de ver escapar sua vítima.

Tão fascinado, tão dominado pelos Espíritos mentirosos que o atraem com seu orgulho, o médium recebe o castigo merecido por suas faltas e paga muito caro por um instante de prazer causado por algumas palavras de bajulação.

Oh, meus amigos! Lembrem-se sempre de que a humildade e a caridade são as virtudes que, apenas elas, contêm todo o Espiritismo.

E por que os médiuns se orgulham de suas obras?

A máquina vai se gabar do trabalho feito por ela?

A locomotiva que puxa atrás dela milhares de viajantes tem o direito de dizer a eles: "Sou eu quem vos conduz, é a mim que obedecem?"

Ela não obedece ao vapor que a governa e a conduz por sua vontade e sem a qual seria apenas um corpo inerte e insensível?

E o vapor, ele também, não obedece aos caprichos, à vontade do mecânico que impõe todos os movimentos que deseja que ela execute?

Deve ser assim, também, com os médiuns, meus amigos. Eles são a locomotiva em que os Espíritos são o vapor e ambos obedecem à vontade suprema de Deus, o Todo-Poderoso mecânico que dirige todas as coisas.

"**Bem-aventurados são os humildes e os pequenos da Terra,** disse Jesus Cristo, **porque deles é o reino dos céus.**"

A Fé, a Esperança e a Caridade

A Fé, a Esperança e a Caridade são as três bases sobre as quais vós todos deveis vos apoiar para chegar ao Céu, sua pátria, nossa pátria para todos.

Pela Fé nós vemos, nós sabemos que esta felicidade eterna e sem nome está reservada para nós.

Pela Esperança nós sentimos antes, em nossos corações, os efeitos benéficos e salutares cuja gentil influência nos ajuda a atravessar, com calma, as mais duras provações da vida.

Pela Caridade trabalhamos para nossa evolução, melhorando a sorte de todos os nossos irmãos que sofrem, porque todos sofrem, todos são infelizes, todos passam por provações. Alguns pelas da riqueza, outros pelas da pobreza; alguns pelas da doença que acaba com eles, outros pelas da saúde da qual abusam; todos, qualquer que seja sua posição social, são submetidos às provações que devemos tentar confortar e, por nossas instruções e por nossos pensamentos e nossas orações, mais ainda que por nossa cooperação material.

Com a Fé, com a Esperança e com a Caridade, nada é impossível ao homem. Conduzido com leveza pelas asas do firmamento, ele se lança radiante em direção à Eternidade sagrada onde o esperam os Espíritos que já chegaram ao fim de sua estrada.

Sem elas, ai!, nada resta para ser dividido; nada mais que a miséria, os remorsos e o desespero.

Oh! Meus bons amigos, rogueis a Deus para vos permitir adquirir essas verdadeiras virtudes que se resumem em só uma: *a Caridade* e lembreis de que, sem ela, não há salvação.

O melhor meio de receber boas mensagens

Para mim é um prazer e um dever participar a vós o que digo.

Como vós, aprendi porque me ensinaram e porque eu trabalhei para compreender e para reter as instruções que me deram.

Hoje, minha maior alegria é fazer por outros o que outros fizeram para mim e esta alegria é tão grande que as pessoas a quem eu me dirijo têm o cuidado mais sério de me escutar e de me compreender e fazem muito esforço para colocar em prática as lições que eu lhes dou.

Então, observeis bem isso, amigos:

Queremos que vós pratiqueis a Caridade e a Fraternidade. Não é suficiente pronunciar belas palavras, é necessário provar que elas saem do coração e que vós não sois como um instrumento musical que repete sons melodiosos, mas que não compreende estes sons e que não aprecia a suave harmonia.

Eu espero que vós me compreendais e que eu não seja forçado jamais a dirigir a vós esses assuntos de queixas. Convencei-vos de que, se acontecer, eu não faltarei, porque somos benevolentes de várias maneiras e agir caridosamente ao invés de falar aos homens sobre coisas desagradáveis e pouco promissoras para seu amor-próprio, se eles as merecerem e se essas censuras puderem servir para sua evolução.

Pergunta — Devemos fazer a evocação dos Espíritos que sofrem?

Resposta — Sim, chamai os Espíritos que sofrem e tentai moralizá-los; vós sempre perdeis seu tempo e não levais a nada além de fazer rasgar papel ou escutar *bobagens*, algumas vezes até blasfêmias.

Desenho Mediúnico de Espirais (Biblioteca Municipal de Lyon)

    Neste caso, rogai a Deus que envie Espíritos superiores junto com esses Espíritos rebeldes para vos fazer compreenderdes que eles estão indo pelo caminho errado e para tentar trazê-los de volta para o bem.

    Mas vós sempre encontrareis, também, alguns que vos escutarão, que serão dóceis com relação a seus conselhos e que evoluirão. Não penseis se são cem, um ou mesmo um milhão, vossos trabalhos serão abençoados porque Cristo disse:

"Há mais alegria no céu por um pecador que se arrepende do que por cem justos que não precisam arrepender-se."
Portanto, coragem e perseverança.

Aprendam! Aprendam!

Trabalhai sem cessar para vos instruírem. É aprendendo que nos elevamos em direção a Deus.

Aprendam! Aprendam! Não tenhais medo de chegar a esgotar a ciência porque a ciência é uma escada sem fim: quanto mais se sobe, mais sentimos necessidade de subir.

Aprendam! Aprendam! Porque à medida que investigardes os mistérios da natureza, novos horizontes se abrirão para vossos olhos surpresos e novos segredos precisarão, também, ser desvendados.

Aprendam! Aprendam! Porque tudo é infinito e o Espírito sempre está inclinado a se aproximar da perfeição em todas as coisas, o que ele obterá quando souber tudo.

Aprendam, crianças, aprendam; porque quanto mais vós aprenderdes, mais vos aproximais de Deus que deseja que um dia vós estejais perto dEle, resplandecentes de glória e de sabedoria.

Então, a ciência não terá mais mistério, então nada será desconhecido, então, e somente então, vós não precisareis mais aprender.

O trabalho

Tudo na Natureza canta o Criador; tudo nos fala dEle, nos mostra Sua grandeza, Sua sabedoria, Sua justiça, Sua imutabilidade.

Vede estes seres microscópicos, mundo infinito que se agita em uma gota d'água. Admirem-nos em suas brincadeiras, seus trabalhos, suas discussões, suas bondades e suas guerras.

É possível, talvez vós pergunteis, que um Deus tão grande, tão imenso quanto o infinito se ocupe dos ínfimos detalhes que preenchem a vida efêmera destes seres tão pequenos que são imperceptíveis aos nossos órgãos, seres que participam aos milhares na composição do grão de areia, o qual pisamos com tanto desdém?

Oh, meu Deus! Exatamente por Vós serdes tão grande, tão infinito, Vossa terna solicitude cobre de amparo todas as Vossas criaturas, mesmo as que, em nosso orgulho insano, vemos como indignas de nós.

Vossas leis são imutáveis, oh, Eterno; tudo na natureza está submetido a elas.

Tudo se renova aperfeiçoando-se por meio de um trabalho contínuo; e, também, até que cada ser em particular chegue ao grau de perfeição que lhe está destinado.

E é por esta evolução invisível dos pequenos detalhes que se alcança também a evolução visível das massas.

É se renovando e se caminhando sem cessar nas vias do progresso que cada indivíduo luta para a renovação e para a evolução sempre maior de tudo.

Renovação e progresso infinitos e eternos porque Deus é eterno e infinito e, todos os dias, em cada instante, Ele cria seres que começam imediatamente o trabalho de renovação contribuindo com seu labor para a harmonia universal.

Oh, as leis da Natureza que vós fizestes sublimes! Quantos de vós são dignos Daquele que os fez! E que progresso imenso seu conhecimento não obtêm os que, tendo estudado, querem caminhar sobre suas trilhas.

Eternidade! Eternidade! Como você é bela com seu progresso infinito e sua marcha para Deus!

Como é vazia e ridícula esta teoria que faria os Espíritos puros, inertes eternos, cuja única ocupação seria admirar Deus e contemplar em êxtase todas as suas maravilhas.

Longe de ser uma felicidade, não seria mais uma punição eterna?

Também, Senhor, em Sua sabedoria infinita, vós não quisestes que os puros Espíritos fossem condenados a uma ociosidade sem fim porque, intérpretes de Vossa vontade santa, eles trabalham também para a realização de Sua obra.

Embaixadores de Deus, eles percorrem os mundos trazendo aos Espíritos mais ocultos os conhecimentos que eles mesmos adquiriram por seu próprio trabalho e os ajudam também a trabalhar para seu progresso.

O trabalho abençoado e exercido por todos, é o elo sagrado que une em uma só e mesma corrente os mundos e os universos que ocupam a imensidão do espaço, os Espíritos errantes ou encarnados que ocupam, também, esses mundos.

Corrente admirável em que se revelam em todo o seu esplendor a grandeza, a sabedoria, a justiça e a imutabilidade de Deus.

Oh, trabalho! Trabalho mil vezes abençoado, não é uma punição que Deus, em Sua cólera, infligiu ao homem.

Você é, pelo contrário, o maior presente que o Criador deu a suas criaturas.

Trabalho eterno, trabalho infinito, é por você que nós chegamos a Deus, é por você que nós todos desfrutaremos um dia das delícias puras do céu.

Trabalho, trabalho, nobre recompensa dos homens, sois mil vezes abençoado para eles.

Na Terra, você é sua salvação e sua melhor égide e, no céu, como estão purificados, você é sua coroa de glória e de imortalidade.

Vocês todos, filhos que me escutam, oh! Abram seus corações para estas doces palavras: trabalhem, trabalhem e rezem e Deus os abençoará.

A prece

O trabalho, eis o grande movente de nosso progresso e de nossa felicidade.

Mas o trabalho não é suficiente: com ele é necessária a oração.

Sozinhos, livres, arrastados por nossas paixões, pelas convicções da carne, pelas fraquezas da matéria, não podemos lutar com vantagem e sucumbimos com o peso do fardo.

Mas Deus, este doce e terno Pai, depois de nos criar, não nos lançou sozinhos no espaço nos dizendo:

Trabalhe e você terá êxito.

Sua terna solicitude nos segue, passo a passo, Ele vê cada fase de nossas lutas, conta cada um de nossos esforços, cada um de nossos trabalhos, cada um de nossos combates, cada uma de nossas vitórias.

Tocados por seu exemplo "comovente", abandonem estas visões, filhos, as visões de seu coração, de seu pensamento para este Deus que te ama tanto, que vela sem cessar por você.

Que a oração te aproxime Dele.

Ele o quer, ele permitiu a suas almas, prisioneiras na Terra, que o busque se desmaterializando momentaneamente para verter suas penas em seu coração.

Neste contato sagrado, vossas forças se decuplicam, desaparecem vossas fadigas, cessam vossas lutas, os obstáculos que obstruíam vossa rota.

Animados por uma vida nova, movidos por uma força invencível vós vos sentis caminhando para a frente, sempre para a frente, transpondo todas as barreiras.

Oh!, como ele é abençoado, o trabalho começa pela oração, o trabalho alcança os olhos de Deus, com o objetivo de aperfeiçoar nossas almas ou de suprir as necessidades imperiais de nosso corpo.

Sem penas, sem fadigas, vós as ofertáveis em holocausto a Deus; Deus as aceitou e verteu em seus corações a Calma, a Esperança e a Fé.

Jesus ora no horto de Gethsemani

E vossos corações estão felizes e vossos corpos felizes por esta alegria, mais resistente à fadiga.

Oh, sim, crianças, sim, rezai, rezai e trabalhai sem cessar.

As duas ações são grandes. Elas são tão grandes que formam, com sua união, uma força invencível que motiva o homem em direção à eternidade e a aproximar-se de seu Deus.

Sem o trabalho, a oração é infrutífera porque Deus é surdo aos timbres dos ociosos.

Sem a oração, o trabalho é vão porque tudo deve retornar ao Criador de tudo.

O perdão

Perdão das ofensas, você é um dos deveres sublimes que a Caridade coloca em seu coração.

Cristo, o modelo divino, disse-nos: **"Faze o bem aos que vos fizeram o mal, bendiga os que te maldizem, perdoe aos**

que vos ofenderam e reze pelos que te perseguem" e, unido o exemplo aos preceitos, a fim de demonstrar que esses preceitos não são palavras vãs e que todos podem praticá-los em toda a sua extensão, ofereceu em holocausto, a toda a humanidade, uma vida plena de amor e de caridade, em que a abnegação de si mesmo sempre esteve aliada à bondade para com os outros, mesmo com os que são implacáveis à sua perda e que o mataram com a morte infame da cruz.

Ah, vós que vos dizeis seus discípulos, vós, todos, filhos de Deus, que tendes a nobre missão de vos aperfeiçoar para chegar um dia puros de todas as marcas aos pés de seu trono eterno, tenhais sempre seu modelo divino presente em seu pensamento.

Cada vez que alguns de seus irmãos, esquecendo-se de seus deveres ou seduzidos por um estúpido orgulho, uma vaidade insana, vierem insultar ou procurar prejudicá-los cegamente, escutem as palavras de Cristo que saem de sua boca expirando e subindo ao céu exalando um perfume tão suave de amor e de alegria: **"Pai, perdoai-lhes, eles não sabem o que fazem!"**

Que este grito parta de vossos âmagos, que ele escape do mais profundo de vossos corações e Deus o receberá com compaixão em seu seio e longe de sentir o cruel abraço da ofensa, vós vos sentireis felizes por causa da maneira que sereis vingado.

Sim, porque a vingança, essa serpente terrível que os antigos ousaram chamar o verdadeiro prazer dos deuses, aquece em seu coração as dores mais amargas, os sofrimentos mais tocantes.

Atacando seu inimigo no coração, vós não matareis a vós mesmos e, sempre sucumbireis a seus terríveis golpes antes que vosso adversário seja atingido.

Mas, se para vos vingar esbanjardes o amor e o perdão; este amor e este perdão devem atrair o sarcasmo e o ódio mais incuráveis, vós sentis passar por vós injúrias amargas como um vento celeste que refresca e as cura instantaneamente.

E, o que sempre acontece, se vosso inimigo, tocado por sua generosidade, se joga a vossos pés e reconhece seus erros, oh!, vós estais nobremente vingado!

Que êxtase de júbilo! Que santo delírio da alma! Vós salvastes um irmão, mais que isso, um inimigo.

Eis a vingança que o Criador pede; eis o prazer indizível que poderia ser chamado o verdadeiro prazer de Deus, mais que Deus, em Sua infinita bondade, o deixou aos humanos.

Felizes são os que sabem cultivá-Lo e colhê-Lo! Eles receberão a recompensa; na Terra e nos céus eles sentirão o delicioso perfume.

Mensagens

Recebidas pela Srta. Cazemajour, médium

A liberdade

Liberdade, onde é o seu templo? Eu o procuro em vão. Ele não está edificado na Terra? Mas eu escuto todas as bocas proclamarem sua alegre influência para a felicidade de todos. Seu nome é reconhecido em todos os discursos eloquentes de nossos oradores modernos; a imprensa te consagra cada dia a fúria de sua afetuosa devoção e seu proselitismo; todos os peitos estremecem ao lembrar das antigas conquistas; todos os corações palpitam de alegria, de amor e de esperança ao pronunciar seu nome bendito e eu não te vejo em parte alguma.

Responda-me: onde você está que eu te ofereço minhas homenagens!

"Eu não estou sobre a Terra, você se cansa em vão de me procurar; meu trono está na imensidão. O espaço me pertence; o espaço com seus mundos incontáveis, seus sóis resplandecentes, seus jardins maravilhosos, suas imagens graciosas, suas multidões de Espíritos errantes, voando ao meu redor, tocando-me levemente com suas asas transparentes, repousando aos meus pés, coroando minha cabeça com uma coroa cintilante, brincando com os meus cabelos como a borboleta sobre as flores. Livre da liberdade fraterna que une, aqui, por amor, todas as criaturas saídas das mãos poderosas de Deus, eu estou bem aqui; não tenho inimigos; ninguém sonha em me destruir, eu vivo feliz, em paz, no reino de meu Pai.

Eu desci à Terra algumas vezes e não pude ficar; oprimiram-me as ofensas e as calúnias; erguiam-se em meu nome instrumentos de morte e me banhavam em rios de sangue; eu estava surda pelos gritos de uma multidão em delírio; eu sofri muito, mas Deus me chamou para Ele. Eu só voltarei para junto dos homens quando o Espiritismo os tiver feito praticar meu conselho santo: *amor e caridade* e quando tiverem compreendido que a verdadeira liberdade só virá habitar entre eles por este preço, eles farão todos os esforços para merecer meu advento e eu me abrigarei em sua tenda quando eles estiverem unidos pelos laços da verdadeira fraternidade.

Os apóstolos do Espiritismo

Naquele tempo, os discípulos estavam reunidos em um lugar onde se entregavam aos exercícios das orações para atrair sobre eles a bênção de Deus Altíssimo; subitamente, escutaram um barulho alto, como um vento impetuoso que vinha do Céu e uma pomba, símbolo da paz e do amor, parou no meio deles, as asas estendidas e pássaros de fogo vieram repousar sobre suas cabeças. Então, esses homens, que eram ignorantes, tímidos, fracos e medrosos, foram transformados pelo milagre e se tornaram instruídos, corajosos, fortes e falavam as diversas línguas dos países que faziam fronteira com a Judéia e as das regiões mais longínquas da Ásia, da Grécia e de Sicília e de todos os países que estavam sob o domínio dos Césares.

O Catolicismo jamais tinha dado a seus adeptos a explicação verdadeira dessa magnífica explosão de bondade do Senhor, que se manifesta de maneira tão poderosa por intermédio de seus queridos Espíritos, aos quais Ele deu a missão de guiar esses homens privilegiados que, por suas predições, devem espalhar sobre a Terra o benefício sereno das palavras de Deus, traduzidas por nosso avanço na divina moral evangélica que o Cristo tinha feito os povos de Israel escutar, nas praças públicas das grandes cidades, nos lugarejos humildes, na praia, na montanha e na estrada de sua agonia que ele irrigou com seu sangue precioso, quando, no calvário, onde ele expira no símbolo sagrado, que será símbolo de devoção e de amor.

Pentecostes

Bem, meus amigos, vós sabeis o que acontece, quando estais reunidos em vossas reuniões espíritas? O milagre da Santa Ceia renova-se e as nuvens abrem-se para dar passagem a uma multidão incontável de bons Espíritos que vêm guiá-los na santa missão que vós começastes. A aparição do Santo Espírito sobre os apóstolos é o que um espírito que estava isolado faz, porque os homens não tinham maturidade suficiente para compreender, crer e praticar a nova fé. Mas, agora, de leste a oeste, de norte a sul da França, eles querem que suas vozes amigas sejam ouvidas porque Deus, que tem piedade de Seu povo, enviou Suas legiões de bons Espíritos para ajudá-los no caminho que conduz, sem dúvida, a Ele.

Ele desafia as tempestades

A abominação da desolação reinava sobre a Terra; os homens, ocupados somente com seus interesses materiais, suas alegrias frívolas, suas paixões carnais, tinham esquecido de Deus para se abandonar insensatamente na corrente lamacenta do vício e da perdição.

Mas, este Pai, bom e misericordioso, aflito por estar vendo a cegueira de Seus filhos, resolveu salvá-los e trazê-los de volta para Ele, fazendo-os conhecer, por intermédio dos bons Espíritos, seus interesses espirituais. — Alguns justos, que nunca tinham caído nas armadilhas oferecidas pelo orgulho, pelo egoísmo, pelo fanatismo, pela mentira e pelo erro, foram escolhidos para ser os intérpretes da verdade e a fé espírita foi revelada aos homens.

O Espiritismo é o barco que deve conduzir ao porto os pobres náufragos da Terra, barco construído pelos Espíritos do Senhor e, por meio de suas ordens, eles o revestiram de uma madeira incorruptível, à prova de rochas e de tempestades e o guarneceram com peças de artilharia para se defender contra seus inimigos. Vede! Ele avança, calmo e majestoso, no meio da tormenta, sabe que nada poderá deter sua marcha, que se tornará cada vez mais rápido e terminará por puxar em seu reboque todos os habitantes da Terra do exílio para os conduzir à pátria. Portanto, não tenham medo dos estrondos da tempestade: não tenham medo dos combates: seus medos são pueris. Voltai os olhos sobre o passado e vede quantos já enfrentaram e ultrapassaram os obstáculos, ele está ostentado pelas cores da esperança, da verdade, da felicidade que virá e, sobre sua bandeira que se desdobra, agitada por uma doce brisa que vem do céu, lê-se este lema: *Eu não tenho medo e enfrento as tempestades; Deus é o piloto que me dirige em meio ao arquipélago humano.*

Estações

O vento do outono faz cair as últimas folhas da bela estação; as árvores mostram suas cabeças grisalhas e os primeiros frios intensos reúnem em torno de um fogo estalante e luminoso os valentes trabalhadores e sua jovem família. Eles vêm confiar à terra a semente de seu alimento corporal e pedem, com todo o fervor de suas almas, a celeste proteção de Deus para fecundá-la, para fazê-la crescer e para desenvolver-se. Certos dessa proteção da Divina Providência, eles tinham visto passar os dias desfavoráveis do inverno, tinham sorrido para a névoa e a neve que preparava o solo e protegia o grão e tinham chegado à época em que o sol aquecia com seus raios a natureza morta, dava-lhe vida e fazia rebentar os germes e os botões de grãos, das árvores e das flores.

Eu rogarei ao Pai

Muito em breve a terra vê o nascer da esperança do verão; as árvores recobrem sua coroa de verde; suas folhas começam a vicejar; as abelhas pilham seu mel; as borboletas brincam na campina verde; a violeta exala seu doce perfume; as margaridas e os ranúnculos espalham sobre o verde suas pétalas de ouro e suas nuances brancas e rosas; os pássaros cantam seus amores, construindo seus ninhos; o grilo emite seu cricrilar monótono: tudo é um concerto na natureza; ela louva e bendiz a Deus. A primavera passa por esse cântico universal. O verão chega; faz florir e desenvolver as espigas de trigo; dá às frutas sua polpa saborosa e refrescante; prepara as riquezas da fermentação e da pressão do vinho e logo a abundância, a alegria, a segurança no futuro recompensam os pioneiros da agricultura de seu rude e laborioso trabalho.

Meus caros amigos, vós sois os pioneiros do Espiritismo; mas a estação das geadas já passou para vós. A fé na Doutrina Espírita, que é o sol revigorante que deve fecundar os germes de seus áridos trabalhos, começa a espalhar seus raios ardentes sobre vossos irmãos e logo a humanidade começa a estremecer de júbilo, como a terra no retorno da primavera. Muito em breve o verão virá para fazer sua colheita abençoada florescer; a graça do Senhor se espalhará entre vós, como o líquido do vinagre na época das colheitas; portanto, como os trabalhadores do campo descansam depois de ter abrigado os frutos da terra, vós vireis descansar de seus trabalhos, junto a nós, nos campos espirituais.

Homero

Nasci sob o belo céu da Grécia e passeei com meus sonhos poéticos nas orlas risonhas de Issus, onde crescem os mirtos e os loureiros rosa com os quais os deuses do paganismo adornavam suas vítimas e seus altares.

Cantei os combates de Tróia, a dor de Príamo, a derrota de Aquiles, a prudência de Ulisses e, depois de ter consagrado minhas expressões aos heróis e aos deuses da Grécia, voltei aos Campos Elísios tomar meu lugar entre os Espíritos dos justos. Agora, eu venho fazer ser ouvida pelos mortais a minha voz que antigamente era agradável e que, eu espero, não falhe entre eles, sobretudo quando eu venho lhes cantar a verdade. Sejam dóceis: os Espíritos do Senhor vêm traçar o caminho que vocês devem seguir; tenham cuidado, principalmente com os maus que vêm induzi-los a um erro; tenham confiança no mentor do Espiritismo na França: ele é guiado pelo Espírito da Verdade e este não pode falhar. Sim, o Espiritismo é um cântico sublime que todos os bons Espíritos entoam em uma ação de graças ao Eterno. E eu, que descanso há muito tempo no mundo dos Espíritos sem fazer com que escutem minha voz, venho me colocar entre vós e cantarei o poema de suas conquistas morais e serei como o cisne que guarda para a última hora o seu canto mais melodioso.

Os deuses do Paganismo

A religião que os povos da Antiguidade seguiam, antes do advento de Cristo, foi objeto de ataques malevolentes e hostis por parte dos adeptos do catolicismo e de outras religiões observadas pela maioria dos homens. Contudo, eles não tinham outro defeito além da pluralidade dos deuses e a divinização do bem e do mal, aos quais eles, em sua cegueira, rendiam um culto que pertencia só a Deus.

Vós vos credes muito mais avançados, meus amigos, e devem sê-lo. Vós tendes menos desculpas que eles porque a revelação do Evangelho veio depois deste tempo esclarecer-vos sobre vossos verdadeiros deveres. Bem, eu venho dizer que vós fazeis sacrifícios aos mesmos deuses que são vossas paixões e vossos interesses e que elevam, do fundo de vossos corações, os altares secretos onde vós rendeis a eles a homenagem de vosso culto e de vossas adorações. Não há um vício, uma paixão aos quais se erguiam antigamente os templos que não estejam refugiados nos santuários impenetráveis em que só Deus os descobre e lá esses deuses riem dos que eram caçados anteriormente, acreditando que estão oprimidos para sempre, enquanto revivem mais poderosos e mais orgulhosos que nunca. É ao Espiritismo que cabe destroná-los porque todas essas falsas divindades são apenas os Espíritos malfeitores e perversos, cuja influência perniciosa corrompeu os homens que não são melhores em seus dias do que eram nos dias prósperos de Roma e de Atenas; eles são mais hipócritas, isso sim. Eles são sempre voluptuosos, glutões, orgulhosos, avarentos, gananciosos, mentirosos, ladrões, interesseiros, preguiçosos, esbanjadores, fingindo ter as virtudes que estão longe de possuir; gostando de disputas, de discussões; fomentando a discórdia, a falsa fraternidade, a blasfêmia, a incredulidade, o materialismo e, mais, são egoístas, vício que os pagãos não conheciam.

Dizei, quais são os frutos que foram retirados da moral marcada no calvário? Nenhum. Dezoito séculos se passaram, a cruz substituiu neste tempo, na parte superior do Capitólio, os raios ensurdecedores de Júpiter e a humanidade ficou estacionada por sua moralidade. Seu envoltório é menos rude; oculta, sob as aparências sedutoras e refinadas, máscaras traidoras e ardis, o invólucro que a consome. Era o tempo de Deus aplicar o remédio que devia salvá-la e este remédio é o Espiritismo. Sim, os Espíritos do Senhor vêm buscar os Espíritos menos felizes que ergueram seus templos e seus altares no coração dos Espíritos encarnados; vêm desnudar os invólucros que corroem a sociedade, levar o escalpelo nos recôncavos mais escondidos de todas as consciências, retirando esta gangrena contagiosa, jogá-la no aterro de lixo, trazer a beleza que deve cicatrizá-la e dar-lhe uma nova vida: a vida do amor, da fé, da esperança e da caridade.

Espíritos, uni vossos esforços aos dos bons Espíritos; caceis todos os ídolos do paganismo que estavam refugiados no santuário impenetrável em que os homens os haviam recolhido e substitui seus altares pelos que devemos erguer às virtudes que conduzem a Deus e que têm sua origem nestes dois princípios: *amor* e *caridade*.

Lei do amor

O amor é a essência divina e, do primeiro ao último, vós possuís no fundo de vossos corações a centelha deste fogo sagrado: é um fato que vós pudestes constatar muitas vezes. O homem mais abjeto, mais vil, mais criminoso, tem, por um ser ou por um objeto qualquer, uma afeição viva e ardente, à prova de todos os sentimentos que tencionem diminuí-la, afeição que sempre atinge proporções sublimes. Eu disse acima por um ser ou por um objeto qualquer porque existem entre vós indivíduos que gastam os tesouros do amor em seu coração sobejante com animais, com plantas, com objetos materiais, totalmente insensíveis a essas provas de ternura. São os tolos misantropos que, queixando-se dos humanos em geral, são contrários à inclinação natural de suas almas e procuram afeição e simpatia e reduzem a lei do amor ao seu estado de instinto. Mas, o que podem fazer, eles não sabem sufocar o germe vivaz que Deus fez brotar em seu coração em sua criação, ela se desenvolve e cresce com a moral e a inteligência e, embora sempre comprimido pelo egoísmo, deixa brilhar as santas e doces virtudes que fazem as afeições sinceras e duráveis e ajudam a atravessar a estrada árdua e árida da existência humana.

Vós dizíeis, antigamente: amar o quê? É uma grande dor: a morte destruiu as afeições mais santas. O Espiritismo, acredito, satisfez-vos plenamente com relação a esse ponto e preencheu esse vazio, dando-vos a inefável consolação de vos comunicardes com esses seres amados. Contudo, há algumas pessoas que repelem a prova da reencarnação, neste sentido de que outros participarão das simpatias afetuosas das quais elas têm ciúmes.

Pobres irmãos! É sua imperfeição que os deixa egoístas. Seu amor está restrito a um circulo íntimo de parentes ou de amigos e todos os outros vos são indiferentes. Bem, para praticar a lei do amor, a que Deus compreende, é necessário que vós chegueis, por degraus, a amar todos os vossos irmãos indistintamente, como vossos amigos, vossos parentes, vossos filhos, vós mesmos.

A tarefa será longa e difícil de ser cumprida, mas ela o será: Deus quer! E a lei do amor é o primeiro e o mais importante preceito de vossa nova doutrina. A prática geral dessa virtude tornará as outras fáceis. Coragem! Vós conseguireis! Nos mundos superiores é o amor mútuo que harmoniza e dirige os Espíritos evoluídos que os habitam e seu planeta, destinado a um progresso vindouro para sua transformação social, verá ser praticada por seus habitantes a sublime lei do amor, reflexo ardente e luminoso saído do coração de Deus.

II

Amai-vos uns aos outros e sejam felizes. Prendei-vos, sobretudo, à tarefa de amar os que inspiram indiferença, raiva e desprezo em vós. O Cristo, a quem devemos fazer nosso modelo, vos deu o exemplo dessa devoção. Missionário do amor, Ele amou a ponto de dar aos homens seu sangue e sua vida. O sacrifício que o compele a amar os que o ofendem e o perseguem é muito difícil, mas não há amor sem isso. É a hóstia sem manchas ofertada a Deus no altar de seus corações, hóstia de fragrância agradável, cujo perfume ascende até Ele.

A antiga lei do amor de amar-se indistintamente a todos os seus irmãos não insensibiliza o coração aos procedimentos maus, eu sei, eu experimentei essa tortura em minha última existência terrestre. Mas, este é o mérito da provação e Deus pune nesta vida e na outra aos que falham nesta lei.

Portanto, amai-vos uns aos outros, meus amigos: o amor aproxima de Deus. Que vosso amor seja sem limites; amai, acima de tudo, vosso criador; amai vossos semelhantes; amai o inseto escondido na grama, os pequenos peixes em seu ninho de líquen, todos os animais que Deus colocou em sua dependência; amai também as árvores das florestas, as flores de vossos jardins, os trigos verdejantes, a colheita dourada, os frutos do pomar, a vindima jubilosa; amai a Deus em todas as vossas obras, amai o sol, as estrelas, o estrondo do trovão, a montanha alta, o desfiladeiro profundo, a campina fértil, os montes risonhos, os rios, as flores, os riachos, o mar imenso e que esse sentimento, suavizando sua provação terrestre, prepare suas almas para a passagem da morte para a vida, em que se canta sem cessar os harmoniosos cânticos de amor.

III

Os frutos da lei do amor são o aperfeiçoamento moral da raça humana e sua bondade durante a vida terrestre. Os mais rebeldes e mais viciosos deverão se reformar, quando virem as bênçãos produzidas por esta prática: não fazei aos outros o que não quereis que vos seja feito; ao contrário, fazei todo o bem que puder fazer. Não acrediteis na esterilidade e na teimosia do coração humano, ele cede, sem querer, ao amor verdadeiro, é um campo magnético de atração ao qual ele não pode resistir e o contato desse amor mútuo vitaliza e fecunda os germes dessa virtude que está em seus corações em estado latente. A Terra, tempo de provação e de exílio, será, então, purificada por este fogo sagrado e verá praticarem caridade, humildade, paciência, devoção, abnegação, sacrifício, resignação, esperança, fé, todos filhos do amor. Portanto, não deixeis de escutar as palavras de João, o Evangelista. Vós sabeis, quando a enfermidade e a velhice interromperam o curso de suas pregações, ele só repetia estas doces palavras: "Meus filhos, amai-vos uns aos outros".

Pregação de força divina e que resume em si os ensinamentos mais sábios. Queridos irmãos amados, utilizeis esta lição; a prática dela é difícil, mas a alma tira dela um bem e uma evolução imensos. Acreditai em mim, façais o sublime esforço que eu peço: amai-vos. Vereis a Terra transformada e se tornar os Campos Elísios, onde as almas dos justos virão desfrutar do repouso e da felicidade infinitas.

Luta

Senhor, eu rendo graças a Vós e vos bendigo. As grandes coisas que previstes antigamente, pela voz de vossos profetas, vão ser cumpridas. Eu me lembro de que um dia, entregue a uma meditação de tristeza e de desencorajamento, lendo o futuro da humanidade, eu fui distraído por um barulho estranho e, levando aos céus os meus olhos surpresos, tive uma visão. Vi nas nuvens um exército incontável com seu material de guerra, seus carros, seus mensageiros, seus mecanismos de destruição, suas armas assassinas; na face desses jovens soldados brilhava o fogo sagrado do entusiasmo; eles estavam revestidos de armaduras cintilantes; seus elmos refletiam brilhos reluzentes e deixavam cair com graça sobre seus ombros um penacho fulgurante. Os arautos de armas deste exército celeste sopravam com força nos trompetes de prata e extraíam deles sons claros e sonoros; eles precediam um guerreiro de uma estatura colossal que carregava um estandarte em que brilhava, em traços de fogo, essas memoráveis palavras: "Eu vou, por ordem de Deus, desafiar o mal para um combate até a morte. Muito tempo ele reinou sobre a Terra; sua hora se aproxima. Voemos para a vitória! Vamos, a eles!" Então, um vapor negro que aparecia no extremo oposto do exército celestial dissipou-se como uma fumaça e eu pude ver os soldados do campo inimigo se aproximarem com fúria e os dois exércitos tiveram o primeiro choque. Era uma composição terrível, uma horrível carnificina! Eu ouvia as palavras de paz e de amor junto com blasfêmias e imprecações horríveis, orações de bênçãos e de caridade junto com as anátemas e as maldições dos rebeldes. As lamentações dos que morriam, o gemido dos feridos, o odor de pólvora e de sangue inebriavam os combatentes com uma coragem invencível e eu não ousava prever a solução desta luta violenta, quando uma voz forte, que vinha do alto, fez cessar os combates sangrentos. Eu pude ver o campo de batalha coberto de resíduos horríveis inundado de sangue; em todos os lugares o mal tinha sido derrotado, os Espíritos do Senhor tinham arrebatado a vitória e voltavam para os céus, louvando o Senhor e agitando as palmas da vitória que traziam em suas mãos triunfantes para as depositar aos pés do Eterno. Então, a voz me disse: "Não chore mais, profeta; alivie-se, forte e confiante nas promessas do Senhor. Vinte séculos não terão transcorrido, depois da expiação do calvário, para que a sua visão se torne realidade, o mal será vencido, a Terra e seus habitantes regenerados. Sabeis que eu sou fiel às minhas promessas".

Então elas serão cumpridas, meu Deus! Estamos na época marcada por vossos decretos inalteráveis. Homens, estejam preparados! Como o relâmpago que marca as nuvens do oriente ao ocidente, os dois exércitos inimigos vão se encontrar; eles se preparam em segredo para esta luta suprema, de onde os bons irão para os mundos felizes e os maus para os mundos ínfimos expiar, ao preço dos mais cruéis sofrimentos, sua obstinação e sua incredulidade diante dos avisos proféticos dos Espíritos do Senhor. Acreditem em mim, irmãos: os tempos estão próximos, vigiem e rezem.

Mensagens

Recebidas pela Srta. Marthe Alexandre, médium

O espírito forte

As flores que nascem e que morrem, que desaparecem como os vapores pequenos escorregando na atmosfera são a imagem da vida humana, uma gota de água nos mares infinitos, um instante na eternidade; é um sonho enganador pelo qual se acredita que o horizonte de sua alma é limitado pelo da Terra; é um menosprezo, uma amarga comédia para o incrédulo e o materialista. Quem será, então, o criador dos mundos, o mestre soberano de tudo o que existe, se este desejo insaciável de felicidade e de esperança que existe no coração do homem, como o perfume celeste na flor, se todas essas aspirações sobre a beleza, todos estes sonhos sobre o ideal são somente um jogo do cérebro que deve acabar com os órgãos da vida? O que serão estes futuros brilhantes que se desfraldam radiantes em meio à desesperança, esta âncora de saúde que o náufrago percebe no horizonte e em que ele se agarra com uma força cega. Oh, espíritos fortes! Vós certamente não sois tão céticos como quereis parecer; sempre há no fundo de seu coração um pensamento secreto que sufocais, porque quereis ter o império de vós mesmos. Há nos recôncavos mais escondidos de vossa existência uma voz que grita para vós: Homem orgulhoso, abaixe-se diante da majestade divina que rompe de todas as portas, no estrondo da tempestade, como na abóbada azul do firmamento, no barulho das ondas em fúria, como no suave murmúrio das fontes límpidas, fluindo para os rios floridos; no grito do furacão, como na calma das noites serenas; no canto de toda a Natureza.

E você, mortal!, e você homem soberbo! Você diz com o orgulho de seu espírito e de seu pensamento: Não há inteligência maior que a minha porque eu não compreendo e o pensamento me pertence, eu não compreendo, então não existe.

Você sabe se seu espírito é capaz de segurar os raios da verdade imortal? Você sabe se seu coração está disposto a penetrar o santuário das coisas e se seu olho profano não seria cegado pela explosão dos esplendores divinos?

Receba, então, a verdade que é dada a você e não importune mais o Céu com suas lamúrias; procure penetrar o sentido das coisas que estão ao seu alcance antes de querer lançar-se em um vôo audacioso nas regiões em que faltaria ar para seus pulmões. Examine antes de rejeitar o que te dizemos e, quando houver começado a percorrer a estrada humilde e correta que te indicamos, você desejará avançar por degraus e seu espírito se livrará, pouco a pouco, de suas impurezas; a venda que agora cobre os seus olhos cairá sozinha.

Bem-aventurados os corações puros, porque eles possuirão a felicidade do reino dos céus.

Mais um ano de caminhada

Mais um ano de caminhada; mais uma gota de água que cai no mar e mergulha no abismo dos séculos; mais um grão de areia que vai se confundir com todos os que o precederam e que formam as montanhas incontáveis da Eternidade!

Qual é o sentimento, meus irmãos, que deve arrebatar vosso coração ao pensar nestes instantes que fluem tão rapidamente? Quais devem ser suas reflexões, em vista das devastações que a falsidade impiedosa faz cada dia ao seu redor, dizimando homens de todas as idades e de todas as condições, arrastando as flores murchas e as flores cheias de vida e de esperança que começam o trabalho de entreabrir suas cores para aspirar os raios de sol?

Ah, meus amados, é aqui que os pensamentos frívolos e mundanos devem desaparecer; este é o momento de retornar para si mesmo, e lá, no silêncio e na solidão, longe do barulho do mundo e de seus interesses materiais, dar uma olhada escrupulosa sobre o tempo decorrido, perguntando-se qual foi vosso objetivo constante; quais foram vossos esforços para entrar no caminho do bem; quais faltas cometestes; qual o bem que pudestes fazer? Pensai que o Senhor deu a existência para vós para duas coisas: para expiar e para purificá-los e que a perfeição é o objetivo final de todas as criaturas. Todas as batidas de vossos corações pertencem a Ele; portanto, todos os vossos sentimentos devem convergir em direção a Ele e se perder em Seu seio, como os riachos que se perdem um momento nas campinas vão dar, por caminhos mais longos ou mais curtos, em um lugar comum, que é o mar. Portanto, procurem, meus filhos, se vós vos desviastes de seu curso, estas fontes fecundas que devem irrigar suas almas; se, criados pela beleza, vós entregastes vossos corações às coisas indignas de uma criatura que pensa; e, o que é inevitável, se vós falhastes, que vosso amor, que vossa fé ganhe uma nova força no teste; que vosso amor, como uma chama viva e penetrante, dirija-se ao céu e queime todos os obstáculos que se opuserem à sua passagem.

Subi, subi para essas puras regiões para onde tudo os convida a ir; deixai longe de vós os interesses da Terra, que, livres do peso que vos oprime, libertai-vos da carne para caminhar, livres e felizes, em direção ao supremo bem! Que a nova aurora vos encontre com os quadris cingidos, tendo em mãos o bastão de viajante; que o ano que vai começar seu curso não vos encontre adormecidos e negligentes, mas trabalhadores vigilantes, trabalhando sem descanso para a videira do Senhor. A obra é árdua, o trabalho é duro e não sabeis o que ainda espera por vós. Talvez sejam as maiores provações que estejam reservadas para vocês, talvez sejais alvo de perseguições dos espíritos não evoluídos. Oh!, portanto, fortificai vossas almas para suportar sem vos abater a todos os ataques e que dizei ao Senhor, não somente pela boca, mas pelo coração: Meu Pai, sabeis o que convém à vossa fraca criatura; sabeis que sou apenas uma planta frágil que o menor vento curva em direção à Terra; não abandone vosso filho e que a cada dia eu possa vos dizer: meu Pai, que seja feita a Vossa vontade e não a minha.

Mensagens
Recebidas pela Srta. Collignon, médium

A resignação

Sabeis o que é a resignação a que vocês pedem ajuda com tanta freqüência? Palavra vazia de sentido para a maioria, que pronunciais em vossos momentos de incertezas, que impondes aos que sofrem e da qual não provastes jamais a profundidade. A resignação, virtude sublime dos filhos de Deus, sentimento abençoado do que abaixa a cabeça sob a mão que parece bater, em que o coração sangra, mas que, obediente, abençoa esta mão e a beija de joelhos. Oh, meus filhos, compreendei bem o sentimento que deve animar o coração do que diz estar resignado, para quem vós aconselhais a resignação. Quantos têm por este sentimento o respeito filial à vontade poderosa do *Grande pai de família*, esta debilidade inerte do espírito, não pode resistir a esta vontade, se estiver submetida a ela por força, a não ser com um sentimento de rebeldia.

A resignação consiste em receber as dores, os sofrimentos, não somente porque não se pode fazer de outra maneira, mas com reconhecimento. É necessário dizer e pensar que, mesmo se a vontade humana pudesse agir em oposição aos decretos da Providência, vós vos submeteríeis apenas por respeito a esta vontade que vos inflige as punições sempre merecidas ou as provações sempre rentáveis. Aprendei, então, a resignar-vos e dizei ao Senhor: Meu Deus, que não seja feita a minha vontade, mas a Vossa!

Sim, meu filho, é difícil, mas não é impossível. É difícil para os homens, alimentados com seus erros, aos cegos de ontem, mas não aos que enxergam hoje. Diga-me, Espírita, vós não vos sentis mais fortes contra a dor? Se os golpes da sorte não vos encontrarão mais firmes por esperá-los e resignados para recebê-los? O Senhor vos enviou o grande remédio para vos dar coragem. Ele vos enviou o grande consolador para vos dar resignação. Hoje, que vós não vedes mais as dores que vos infligiam um capricho da sorte, mas uma inevitável e lógica conseqüência das faltas que vós tiverdes cometido, hoje que vós compreendeis o Espírito que abandona seu envoltório está preparado e amadurecido para o julgamento e que o passo que se dá de uma vida para outra é um degrau da imensa escada que conduz a Deus, que se sobe com alegria sem se inquietar com as dores físicas que podem ser experimentadas, hoje, vós deveis exultar quando um de vós os deixa. Cantai, então, louvores ao Senhor, cantai: *Hosana!* Ao que rege o Universo porque todo o Espírito que atravessa a barreira de carne que o retém, para se lançar no espaço, alcança um progresso. Tudo é contado para a sabedoria infinita do Senhor. Portanto, coragem, não à fraqueza, não por vós, nem por outros. O que se sente forte, dá a força, o que tem Fé dá a Fé e o Senhor usa com sucesso a dor com a alegria para conduzir todos os seus filhos.

Coragem e Fé, minha filha!

Crianças do Espiritismo, não se esqueçam

Crianças do Espiritismo, lembrai-vos de que sois guiadas pela tocha divina, que Deus, como efeito de Sua misericórdia divina, vos enviou. Continuai sempre a praticar todas as máximas que são ensinadas a vós. Sabeis que os Espíritos, ministros das vontades do Todo-Poderoso, apenas revelaram a vós as verdades saídas do coração de Vosso Criador. Sede dóceis a Seus ensinamentos e refrearão vossa natureza se ela for rebelde, estai sempre cheios de respeito e de ternura por Deus, vosso Mestre e vosso Pai, lembrando-vos de que Ele vos ama e que quer assegurar vossa felicidade ao preço de tantos sacrifícios entre os quais o de Seu filho bem-amado não deve ser esquecido por vós, este lembrar deve encher vossos corações de amor e vos prostrar na presença de um Deus que faz tudo por vós. Sede caridosos com seus irmãos, lembrando-vos sempre de que sois membros de uma grande família chamada a participar da mesma felicidade. Banidos de vossas raivas, de vossos ciúmes, todas as misérias que existem entre os que não são dignos de serem chamados de filhos de Deus; perdoai os que se afastam dos ensinamentos divinos da Caridade; rezai por eles, vós os reconduzes a Deus, eles devem a vós vossa felicidade e por esta obra vós atraís as bênçãos de vosso pai celeste para eles e cumpris um dever sagrado dando acesso a Ele, que é todo amor e caridade.

Deixai o tempo passar

Deixai o tempo passar, levar ao esquecimento as obras humanas, deixem este abismo bocejante sorver para sempre tudo o que leva o homem ao orgulho e ao deleite. Deixai sua asa devastadora cobrir suas frontes e deflorar sua juventude sem que vos inquieteis com as devastações que elas podem fazer. Não deveis esperar por esses acontecimentos? Vosso coração não deve estar preparado para sofrer? *"O homem nascido da mulher vive pouco e está sujeito a grandes mistérios."*[7] Mas quais são estas misérias *em que ou direção a quê*, certo de seu futuro, ele colocou suas esperanças *e a ruína não pode alcançá-los?* Que lhe importa que o tempo impiedoso encolha ao seu redor o círculo de suas afeições? Ele deve chorar porque quem ele ama descobriu a liberdade e pode percorrer com asas vigorosas os espaços etéreos ao gosto de sua vontade e de seus desejos? A tristeza deve secar sua alma porque este ser, que é uma parte deles mesmos, não está mais sujeito às misérias incontáveis que são a partilha dos que nascem da mulher, isto é, tomando um corpo de barro, vê-se desvanecer o brilhante sol, para definhar na obscuridade e no exílio. O que é o corpo, meus bem-amados, o que é a vida se não uma época dolorosa que, em nossas recordações, aparecia como um ponto sombrio e negro, como um pesadelo horrível e quando, livres enfim, podemos cantar o hino da liberdade e da felicidade, quando vemos outra vez se espalhar a nossos olhos estes horizontes encantadores que seus mais belos sonhos não podem nem mesmo dar uma frágil idéia e que seu idioma materno é insuficiente para descrever, quando podemos colher todas essas flores, beber todos esses cálices que são o mel e a doçura, quando, enfim, nascemos para a morte da verdadeira vida; oh, que êxtase sem fim, que felicidade sem nome! Pensai, então, se vós estáveis doentes alguns anos somente longe da luz do dia, em uma prisão horrível, aquela alegria inenarrável invadiria vossa alma como o azul

---

7. Jó, 14:1

do céu, com as estrelas que brilham no firmamento como raios suaves que vos protegem. Ah!, não tendes olhos para admirar todas as maravilhas da natureza, nem ouvidos para escutar o canto dos pássaros, as milhares de sinfonias da criação. Vós seríeis todos almas para escutar, para olhar, para respirar todos esses perfumes, todas essas flores desenhadas em seus passos!

Bem, meus amigos, esta alegria imensa, maior, sem fim, eis o que espera quem passa por suas provações com paciência e resignação. Os Espíritos do Senhor circulam os que amaram e cantam com eles o doce canto do amor. Eles prepararam maravilhas incontáveis, eles os iniciam pouco a pouco em todos os mistérios, eles os ajudam a chegar ao objetivo que vemos sem cessar diante de nós como um chamado, como uma luz: para a perfeição, e estes labores do Espírito são apenas as alegrias incessantes que vão sempre aumentando com a pureza e a inteligência.

Meus amigos, ao vos dar uma fraca idéia do que vos espera se seguirdes a linha correta da qual nenhum homem de bem deve jamais se desviar, eu quis elevar meus pensamentos em direção ao céu, sem pena e sem esforço, a fim de que vos habituem a contemplar a morte como uma época abençoada, como um dia de livramento e não como um espectro horrível que é digno de todas as reprovações. O que pensa sempre na outra vida, isto é, na vida verdadeira e eterna, tem certeza de não se deixar surpreender pela morte porque é um pensamento saudável que evita sempre que a alma sucumba às tentações. Estejais sempre prontos porque não sabeis a que hora o Senhor pedirá as contas de vossa viagem, que possais vos apresentar como os mais puros e mais cheios de boas obras, que possais, principalmente, oferecer a Ele as orações dos que vós tiverdes consolado e encorajado. Que Deus vos bendiga, meus bem-amados, e não tereis nada a temer dos homens!

A chave de diamante

Chegaram os tempos em que todo homem deve ver a luz; mas nem todos a recebem igualmente. Os raios luminosos que escapam do centro diminuem com a distância e seu brilho é menor aos olhos dos que procuram fixar nele seu olhar. Aproximai-vos do centro, está somente lá o calor que vivifica. Deixai para os que ainda têm a visão mais frágil os raios divididos, eles os habituarão à luz e, pouco a pouco, romperão o véu tênue que cobre sua compreensão. Homens, que querem se aproximar do Senhor, que querem se elevar até Seu trono, jamais olhem para trás porque lá estão as trevas. Que vossas frontes se elevem, que vossos olhos se voltem para o céu que aspirais! Chamai os que o habitam; os que, espalhados pelo espaço infinito, estão sempre prontos a atender vossa voz para vos consolar em vossas penas, fortificar em vossas fraquezas, apoiar na caminhada árdua que empreendestes; mas não procurai mais penetrar o santuário do Santo dos santos! Vós não possuís ainda a chave de diamante que deve abrir as portas para vós. Essa chave deve repousar no fundo de vosso coração. É só a pureza total de vossa alma que abre este lugar de delícias para vós. É só a pureza de vossa alma que fará descer sobre vós esta luz brilhante e suave que deve vos iluminar. É só a pureza de vossa alma que vos fará alcançar o seio do que ali reside, todo felicidade, todo amor, todo alegria e vos fará alcançá-lo e manter-se ali por toda a eternidade!

Portanto, venhais com coragem, nada de equívocos, nada de medos pueris. Não vos deixeis arrastar pelas divagações de determinados Espíritos encarnados ou não.

Da confusão sai a luz. Não vos dizem que Deus fez o mundo sair do caos, o sol sair das trevas? Assim, de todas essas lógicas sem fundamento, de todas essas idéias mais ou menos errôneas surgiram discussões humanas que tiraram a atenção do ponto principal. De lá, dos controles que o homem não pedirá mais e que, então, lhe serão concedidos sem restrição e com toda a certeza. Paciência, crianças de nossos corações, paciência, alunos dóceis e abençoados, trabalhai com zelo, com coragem, com perseverança e vereis, dos altos infinitos para onde sereis chamados, vossos trabalhos coroados de sucesso. Vós plantais a oliveira abençoada que deve anunciar a paz aos homens do Universo, vós a vereis sustentando as palmas da paz. *Hosana!*, meus filhos, *hosana!*, porque o homem ressuscita, o homem renasce e Deus o chama para Ele.

Orgulho, o que você pode fazer?

Estamos sempre prontos a vos iluminar, minhas crianças. Portanto, não vos inquietem com as dificuldades que podem detê-los, não vos inquietem, principalmente, com os espíritos orgulhosos que vos ameaçam e principalmente contra nós, que eles não podem escutar. Que eles, seus críticos orgulhosos, elevem um pouco seus olhos em direção ao Criador e compreenderão que a barreira que colocaram ao poder do Criador é bem frágil e bem fácil de ser transposta! Orgulho da humanidade, que diz ao Senhor: Você não poderá mais do que permitimos! Orgulho! O que você pode fazer? Você pode parar o curso das estações? Pode parar a marcha dos astros ou diminuir sua velocidade com sua vontade? Pode colocar um fim nas calamidades que dizimam as populações? Pode proibir os homens de nascer e de serem envolvidos nas fraldas da infância? Orgulho! Árvore vivaz no coração do homem, que teremos pena de desarraigar! Mas, paciência e coragem, bons trabalhadores do Senhor; vocês têm a picareta nas mãos, ataquem a raiz dessa má árvore, abalem suas fundações e as virem de cabeça para baixo e seus frutos mortais serão arrancados dos pés pelos trabalhadores do Senhor, que cultivarão com amor a vinha que tem os frutos da força. Vamos, querida criança, não te desencoraje com as pequenas falhas do Espiritismo. Temos nossas peneiras nas mãos e jogamos ao vento tudo o que não for grãos bons. Paciência, coragem e, principalmente, fé.

Não brinque com a Verdade

É inútil procurar a Verdade quando não se tem o desejo de vê-la. Que estes cujo Espírito está carregado de preconceito, de idéias preconcebidas, de obstinação, resumindo, não venham dizer: Nós queremos a luz. Insensatos! Pedem para ver e fecham os olhos de medo de ficarem confusos!

A Verdade, esta grande figura que preside tudo o que é santo, tudo que é belo; a Verdade pede para ser olhada de frente, não somente com os olhos, mas com o coração. Não vos iludam, vós que quereis vê-la, é necessário ter coragem para suportar esta luz. Sua tocha é brilhante, mas queima os olhos dos ímpios que fazem um jogo com suas claridades. Vós não errareis mais, vós todos que riem do Espiritismo, que querem falar dele por gênero e para tirar dele as conseqüências que possam destruí-lo: o Espiritismo não perecerá. É um fogo ardente que, uma vez iluminado, não se extingue mais. O que, por escárnio mesmo, quis tocá-lo, será consumido por ele porque, pouco a pouco, ele penetra o coração do homem, faz aí sua morada e não sai mais, qualquer que seja o esforço que seu orgulho possa fazer para tirá-lo daí.

É uma árvore com raízes poderosas que se espalha lentamente no Espírito, preenche-o e, quando se deseja afastar de si o pensamento inoportuno, ele está pregado e o homem não pode fazer mais nada.

Portanto, acreditai em mim, não brinquei com a Verdade, não brinquei com fogo! Da mesma maneira que Sêmele foi consumida pelo raio, os seus corações se secariam se vós tivésseis que extrair a santa Verdade que nós trouxemos, a tocha que vibra sobre o gênero humano. Orgulhosos ou ignorantes, simples ou fortes, curvem-se; recebam as centelhas que escapam dessa tocha divina; que elas os animem, que elas os aqueçam, só elas lhes darão o calor da vida, da vida eterna!

Homens, vós precisais ver; vós precisais compreender, vós precisais apreciar o valor das coisas e das palavras. Vossa inteligência está desenvolvida, os ensinamentos devem se desenvolver também. Vós crescestes, vossa fé deve crescer. Vossos olhos se abriram, a luz deve brilhar. Nada é feito sem um objetivo sério. Portanto, se a Verdade tardou tanto para tirar seu véu, é porque ainda não era o momento para ela se mostrar em toda a sua pureza, vocês não a teriam compreendido, como os que a rejeitaram todas as vezes quem para não deixar esquecer, ele ergueu uma borda desse véu que ela rasga hoje.

Bendito seja o Senhor que, do alto de seu trono imutável, lançou um olhar de amor para suas criaturas. Bendito seja O que já havia traçado uma vez o caminho que deveriam seguir, vem ainda hoje lhe dizer: Sigam-me, Eu sou o bom pastor. Bendito seja o Senhor, e três vezes bendito.

Marmande, 5 de fevereiro de 1863

Senhor CHAPELOT,

O senhor assistiu a um de nossos encontros espíritas. Um de nossos médiuns, Sr. Lescouzères, recebeu, em sua presença, duas mensagens que me pareceram que seriam de seu agrado, eu as envio a você: talvez você as possa julgar para dar a elas um lugar no livreto que vai publicar, talvez os leitores também encontrem nessas pequenas obras um encanto particular, sabendo, como você, que estas flores poéticas saíram da mão *negra* de um modesto trabalhador, de um médium tintureiro. Despeço-me com a certeza de sua consideração.

DOMBRE

Aqui estão estas duas mensagens:

Um sonho

Eu tinha acabado de ler uma página do grande livro da natureza, tinha acabado de colher algumas margaridas na sombra de uma castanheira, o bosque denso me abrigava do sol ardente que queimava a campina quando algumas gotas de chuva grossa, caindo sobre a folhagem, soavam, advertindo-me de que uma tempestade cairia. Saí do bosque para alcançar minha morada. A atmosfera pesada e sufocante, uma chuva quente, o sol escondido pelas grandes nuvens, que os ventos empurravam rapidamente em todos os sentidos, os relâmpagos precursores da tempestade fizeram-me precipitar meus passos. Com uma constituição frágil, cansado, abatido pelos vapores quentes, emanações da aridez do solo, banhado por uma chuva de enxofre, eu cheguei, joguei-me em minha cama e dormi um sono profundo.

Eu escutava uma chuva torrencial; os relâmpagos me cegavam, a tempestade uivava com estrondos, os ventos expandiam-se virando de ponta-cabeça tudo o que fosse obstáculo para ele, o mar revolto aumentava, as folhas, levadas até as nuvens e encaminhadas em direção à praia, vinham se chocar contra as rochas impassíveis, para se corrigirem, subirem de novo e voltar a se chocar com elas outra vez. Os clarões dos trovões, o assobio dos ventos e o grito das ondas formavam uma terrível e imponente harmonia com a revolta geral, com este caos: poder-se-ia dizer uma luta de gigantes, sem mais horizontes! Tudo estava misturado, confuso.

Nos lampejos dos relâmpagos, eu vi um pobre navio pequeno, brinquedo frágil, envolvido pelo furacão e erguido, de vez em quando, até as nuvens e caído nos abismos abertos; o vento me trouxe em sua asa rápida esta curta oração dos marinheiros alarmados: Boa Maria, vele por nós e acalme a tempestade! E nenhum grito de aflição, gemido de morte.

Os ventos se acalmaram, as ondas pareciam cansadas da luta, o mar nivelou sua superfície que as brisas travessas e suaves vieram, sozinhas, acariciar, o horizonte desenhou-se e aumentou seu círculo. Homens e navio tinham desaparecido, meu olhar ia sobre a pradaria do oceano, que parecia dormir em seu leito e eu vi um grupo de fantasmas me mostrando com o dedo o abismo fechado outra vez e mandando ao mar seu navio e seus cadáveres desapareceram.

Acordei, apertei os olhos úmidos de lágrimas, quando senti uma gota quente cair sobre meu queixo lívido, afastei meus cabelos e reconheci minha mãe, santa mulher, que velava em minha cabeceira: Você está sofrendo? Perguntou-me ela — Não, mãe, minha alma estava triste por causa de um sonho horrível. Podemos sofrer quando uma mãe vela por nós? E eu a circundei com meus braços, reflexo inefável das felicidades celestes.

Minha mãe e eu não tínhamos nada além de uma corrente para arrastar nesta terra de exílio, corrente das mais leves, porque éramos dois para suportar seu peso.

O encanto da manhã

Pobre florzinha, a mão do Criador deixou-me cair no vale poético, definhei-me com o grande sol, vivi tímida e ignorada e morri sem ter podido florir. Eu amava quando a aurora em gotas vinha verter suas lágrimas tão boas sobre os prados floridos, minha pobre alma cativa deixava-se ir ao sonho e caía em êxtase com o aspecto de todas estas belezas da natureza. Parecia que eu via a mão providencial do Todo-Poderoso distribuir a cada flor, a cada folha da grama a pérola de cristal que cintilava quando se balançava na extremidade das partes mais finas de cada vegetal.

Eu amava o passarinho que, em seu despertar, dizia sua pequena canção em forma de oração e ia desfrutar de sua parte de ar, de azul e de sol que Deus lhe tinha enviado.

Eu amava vê-lo voar sobre a frágil haste da flor dos campos, que inclinava seu cálice para oferecer-lhe a gotícula diáfana que tinha em seu copo de veludo.

Eu amava vê-la, com sua plumagem castanha, fundir-se e desaparecer no flanco da nuvem escura, depois sair dela, definir-se e traçar um caminho leve sobre a branca e gasosa nuvem, que parecia estar presa como uma franja a esta massa escura.

Eu amava também assistir ao nascer do sol que, mostrando seu disco no horizonte, enviava-nos o feixe dourado de seus raios cujas luzes suaves, deslizando sobre a campina úmida, mostrava em espirais brancas de vapor o orvalho que a noite, em suas imensas asas, tinha espalhado ali em sua passagem.

Eu amava estes turbilhões leves, levantando-se como a fumaça dos incensos e indo se juntar à nuvem que os recebia em seu seio e os carregava, como em um carro aéreo, para ir refrescar a região que acabava de deixar o astro ardente do dia.

Mensagens

Recebidas pelo Sr. e pela Sra. Guipon, médiuns

O duelo

1º — Considerações gerais

O homem ou o espírito encarnado pode estar em sua terra: em missão, em progressão, em punição.

Isto posto, é necessário que vós saibais, de uma vez por todas, que o estado da missão, progressão ou punição deve, sob pena de recomeçar sua provação, chegar ao prazo fixado pelos decretos da justiça suprema.

Avançar por si mesmo ou por provocação do instante fixo por Deus para o retorno ao mundo dos Espíritos, então, é um crime enorme, o duelo é um crime maior ainda porque não é só um suicídio, mas também um assassinato premeditado.

Com efeito, crede que o provocado e o provocador não se suicidam moralmente se se expõem voluntariamente aos corpos materiais do adversário? Crede que os dois não são assassinos no momento em que procuram mutuamente cessar a existência escolhida por eles ou imposta por Deus em expiação ou como provação?

Sim, eu digo a você, meu amigo, duas vezes criminoso aos olhos de Deus são os duelistas, duas vezes terrível será sua punição porque nenhuma desculpa será admitida, tudo sendo, por eles, friamente calculado e premeditado.

Eu li em seu coração, meu filho, porque você também foi um pobre perdido, e eis aqui minha resposta.

Para não sucumbir a esta terrível tentação, vós só precisais de *humildade*, *sinceridade* e *caridade* por seu irmão em Deus; pelo contrário, vós sucumbis por *orgulho* e por *ostentação*.

2º — Conseqüências espirituais

O que, por *humildade*, como Cristo, terá suportado o último ultraje e perdoado de coração e por amor a Deus, terá, além das recompensas celestes da outra vida, a paz no coração e ali mesmo uma alegria incompreensível por ter respeitado duas vezes o trabalho de Deus.

O que, por *caridade* a seu próximo, tiver provado a Ele seu amor fraternal, terá, na outra vida, a proteção santa e o prêmio todo-poderoso da gloriosa mãe de Cristo porque ela ama e abençoa os que executam os mandamentos de Deus, os que seguem e praticam os ensinamentos de seu Filho.

O que, apesar de todos os ultrajes, tiver respeitado a existência de seu irmão e a sua, encontrará, em sua entrada no mundo elevado, milhões de legiões de bons e puros Espíritos que virão, *não o reverenciar por sua ação*, mas lhe provar, por sua disposição em facilitar seus primeiros passos em sua nova existência, que a simpatia ele soube alcançar e que verdadeiros amigos ele fez entre eles, seus irmãos. Todos juntos elevarão a Deus as ações sinceras de graças por sua misericórdia que permitiu a seu irmão resistir à tentação.

O que, eu digo, tiver resistido a estas tristes tentações pode não esperar a mudança dos decretos de Deus, que são imutáveis, mas contar sobre a benevolência sincera e afetuosa do Espírito da verdade, o Filho de Deus, que saberá de maneira incomparável inundar sua alma de alegria por compreender o *Espírito de justiça perfeita e de bondade infinita* e, conseqüentemente, protegê-lo de toda nova emboscada semelhante.

Os que, pelo contrário, provocados e provocadores, tiverem sucumbido, podem estar certos de que provarão as maiores torturas morais pela presença contínua do cadáver de sua vítima e do seu próprio cadáver, serão consumidos durante os séculos, pelo remorso de ter desobedecido com tanta gravidade à vontade celeste e serão perseguidos, até o dia da expiação, pelo *espectro terrível das duas visões horríveis de seus dois cadáveres sangrando*.

Bem-aventurados ainda se aliviarem esses sofrimentos por um arrependimento sincero e profundo abrindo-lhe os olhos da alma, porque, ao menos, eles vislumbrarão um fim para suas penas, compreenderão a Deus e pedir-lhe-ão forças para não mais provocar sua justiça terrível.

3º — Conseqüências humanas

As palavras *dever*, *honra* e *coração* sempre são usadas pelos homens para justificar suas ações, seus crimes.

Eles sempre compreendem essas palavras? Elas não são o resumo das intenções de Cristo? Por que, então, abreviar o sentido delas? Por que, então, voltar ao barbarismo?

Infelizmente, a generalidade dos homens ainda está sob a influência do *orgulho* e da *ostentação*; para se desculpar a seus próprios olhos, eles fazem soar bem alto essas palavras *dever*, *honra* e *coração* e não se questionam sobre o que elas significam: *execução dos mandamentos de Deus, sabedoria, caridade e amor*. Com essas palavras, ainda, massacram seus irmãos; com essas palavras suicidam-se; com essas palavras perdem-se.

Cegos que são, acreditam ser fortes porque causaram uma desgraça mais fraca que eles. Cegos são quando acreditam que a aprovação de sua conduta pelos cegos e maus como eles lhes dará a consideração humana! A mesma sociedade em que vivem os reprova e os amaldiçoará porque o reino da fraternidade chegou. Então, são evitados pelos homens prudentes como os corços.

Examinemos alguns casos e vejamos se a razão justifica sua interpretação das palavras *dever*, *honra* e *coração*.

Um homem tem o coração penetrado de dor e a alma cheia de amargura porque surpreendeu as evidências irrefutáveis de conduta imprópria de sua mulher; ele provoca um dos sedutores desta pobre e infeliz criatura. Esta provocação será o resultado de seus deveres, de sua honra e de seu coração? Não, porque sua honra não lhe será restituída porque sua honra pessoal não foi e não pode ser atingida, mas seu *orgulho* será.

Melhor ainda, para provar que sua suposta honra não está em jogo, é que muito freqüentemente sua desgraça é ignorada e permaneceria ignorada se ela não fosse difundida pelos milhares de vozes provocadas pelo escândalo ocasionado por sua *vingança*.

Finalmente, se sua desgraça fosse conhecida, todos os homens sensatos teriam compaixão dele, removendo as numerosas provas de verdadeira simpatia e não teriam contra ele os risos no coração mau e endurecido, *mas mesquinhos*.

Nos dois casos, sua honra não lhe seria devolvida nem retirada.

Portanto, só o orgulho é o guia de quase todos os duelos, e não a honra.

Crede que o duelista, por uma palavra, pela falsa interpretação de uma frase, pelo toque insensível e involuntário de um braço de passagem, enfim, por um *sim* ou por um *não* e mesmo algumas vezes por um olhar que nem era dirigido a ele, *seja instigado por um sentimento de honra* a pedir uma suposta reparação pelo assassinato e pelo suicídio? Oh, não duvidais, o orgulho e a *certeza de sua força* são vossos únicos moventes, sempre ajudados pela ostentação porque ele deseja exibir, mostrar prova de coragem, de saber e, algumas vezes, de generosidade: *Ostentação!*

Ostentação, eu repito porque seus conhecimentos sobre o duelismo são os únicos verdadeiros, sua coragem e sua generosidade as *mentiras*.

Quereis provar realmente este espadachim corajoso? Colocai-o na frente de um rival que tenha uma reputação infernal acima da dele e, portanto, talvez, de um saber inferior ao dele, ele empalidecerá e fará tudo para evitar o combate; colocai-o na frente de um ser mais fraco que ele, ignorante desta ciência duplamente mortal, vós o vereis impiedoso, altivo e arrogante, mesmo quando for forçado a ter piedade. Isso é coragem?

A generosidade, oh, falemos nela. É generoso o homem que, confiante em sua força, antes de ter provocado a fragilidade, concede-lhe a continuação de uma existência ridicularizada e colocada em ridículo? É generoso o que, para obter uma coisa desejada e ansiada, provoca seu possuidor fraco para obtê-la em seguida como recompensa de sua *generosidade*? É generoso o que, usando seus talentos criminais, poupa a vida de seres frágeis a quem insultou? É generoso também, quando dá uma prova semelhante de generosidade ao marido ou ao irmão a quem ultrajou indignamente e a quem expõe, então, pelo desespero a um segundo suicídio?

Crede em mim todos, meus amigos, o duelo é uma atroz e horrível invenção dos Espíritos não-evoluídos e perversos, invenção digna do estado de barbárie e que aflige muito nosso Pai, o Deus tão bom.

Vós, Espíritas, combatei e destruí este triste hábito, este crime digno dos anjos das trevas; vós, Espíritas, daí o nobre exemplo do reconhecimento quando, apesar deste funesto mal, vós, Espíritas, sinceros, fazei que compreendam o que há de sublime nestas palavras: *dever, honra* e *coração* e Deus falará por vossa voz, enfim, para vós a alegria de semear entre vossos irmãos os grãos tão preciosos e ignorados por nós, durante nossa existência na Terra, do *Espiritismo*.

A humildade

Eu venho, filha, atender ao seu apelo, dizer-lhe: seja sempre boa e respeitosa e humilde de coração em todas as suas ações porque a humildade é a fonte de todos os bens e de alegria, se você é humilde com teus irmãos, eles não poderão lhe criticar porque a inveja não os levará a lhe caluniar: lembre-se, minha filha, de que todo mal vem do orgulho; se você não é humilde, você é orgulhosa; disso vêm as animosidades que lhe prejudicam tanto. Não sabe dos exemplos dos que você vê se exaltar quando fala, mas não moralmente, eles querem ser bem grandes por orgulho, mas, agindo, eles são bem pequenos. Eu lhe recomendo, minha filha, seja um exemplo de humildade e continue na estrada pela qual você quer chegar porque esta estrada é a bondade e nela você encontrará bem menos espinhos: pegando a estrada da humildade, evitando a do orgulho, toda obstruída por maus, por arbustos e por espinhos, você não será picada pelas serpentes com o veneno terrível que lhe mergulharia por muito tempo no abismo da infelicidade.

Vá, então, minha criança, sem temer nada e, se fizerem observações sobre você, responda: eu tenho apenas um pensamento, o que chegar logo perto de meu Deus tão bom e clemente e espero que, com a sua graça, Ele me estenda a mão para me ajudar a subir os degraus espíritas para chegar logo à morada dos afortunados.

É assim, minha filha, que é necessário responder e você será tão feliz que fará muito bem por seus exemplos de doçura e de amor e, sobretudo, de paciência.

O beijo fraternal dos Espíritas

Meu irmão, eu estou com você e quero lhe dar um bom conselho; siga-o por sua conta e você superará isto: faça em parte por seus irmãos porque eles se beneficiam disso também.

Todos, amigos, dizem-lhes para serem Espíritas!, todos, amigos, dizem-lhes para amarem a Deus, todos meus irmãos, você está no erro que produz o orgulho e a ostentação.

É a seu coração que me dirijo e à sua consciência que eu peço uma resposta.

O Espiritismo, nascido ontem entre vocês, encontrou adeptos, muitos adeptos e, sobretudo, adeptos fervorosos; mas, quantos entre vocês procuram seguir sincera e realmente seus sublimes ensinamentos? Quantos entre vocês acreditam já na máxima, *não esta escada para subir e que tem um número indefinido de degraus*, mas os conhecimentos espirituais e, do alto desta crença, olham com piedade e quase com desdém aos que continuam embaixo desta escada, no começo de seus conhecimentos! Os Espíritas são sinceros? Quantos entre vocês só sabem criticar as palavras, as ações, as mensagens de seus irmãos, por falta de simpatia, de caridade e de amor. São Espíritas? Quantos entre vocês têm sempre no coração, pelos erros de seus irmãos, uma palavra verdadeira de encorajamento, de esperança, de confiança e mesmo de perdão? São Espíritas os que esquecem este primeiro dever que lhes ensinaram?

São Espíritas os que têm uma predileção visível pelos que os exaltam sem cessar? São Espíritas os que apenas têm nos lábios ou no coração uma aparência de fraternidade ou de ironia para os que não sabem, como os cegos, adorar um ídolo? São Espíritas os que, em palavras, dizem sê-lo e que não sabem resistir a alguma das tentações da carne, da matéria? São Espíritas os que à menor contradição trazem ou fazem nascer entre eles uma cólera surda e o ódio?

Vocês se dizem Espíritas e amar a Deus, o Criador, e não sabem seguir realmente algumas de suas leis, vocês se dizem Espíritas e ofendem continuamente ao Pai muito misericordioso porque vocês não fazem o menor esforço para se corrigirem e vencerem o Espírito do mal que sopra sobre vocês à noite escura e o instinto das mais miseráveis paixões; vocês se dizem Espíritas e seguir as leis divinas e, apesar dos sublimes ensinamentos que são dados a vocês, só elevam muito raramente seu Espírito em direção ao autor de todas as coisas e mais raramente ainda uma oração escapa de seu coração para lhe dar graças ou para lhe pedir a força que é necessária a vocês para lhes aperfeiçoar; mesmo a união fraterna, que vocês exaltam seus irmãos.

Vocês se dizem Espíritas, bem, que suas consciências se pronunciem, que elas me digam o nome de quem entre vocês pode se dizer perfeito? Não, vocês não o farão e com razão porque, se o Espiritismo, ainda muito novo em seus corações, não pôde desligá-lo inteiramente do materialismo, ele tem permitido que o pudor entre em seus corações e esta é a primeira etapa de seu progresso e de seu avanço moral e esta modéstia lhes faz reconhecer que devem lhes atribuir ao menos um dos pontos, um dos agravos que os bons Espíritos lhes revelam. Afastem de vocês, sobretudo, as questões de interesse pessoal de conveniência particular; coloquem-se ao alcance de todos. Sejam irmãos, enfim!

Façam, portanto, oh, irmãos, que antes de todas as coisas vocês não façam mais uma que outra, porque o amor fraternal, uma vez bem ancorado em seus corações, o passo mais difícil será dado, este amor, quando é sincero, é o germe e o ponto de partida de todas as virtudes.

Façam, portanto, oh, irmãos, um leve esforço para provar seu amor e seu respeito a este Pai tão bom, a fim de que Sua misericórdia lhes permita sacrificar as coisas tão insignificantes desta Terra e lhes consagre um pouco mais a Ele.

Procurem, então, desligarem-se cada vez mais das questões materiais, que quem se crer mais avançado no Espiritismo seja o primeiro a dar o exemplo de reconhecimento às coisas grosseiras e passageiras que só trazem sua infelicidade e lhes retardam em seu avanço.

Enfim, eu tenho a esperança de que meus conselhos serão escutados e que serão seguidos e cumpridos por alguns entre vocês.

Você, irmão, dê o primeiro exemplo, proponha em sua primeira reunião uma união direta e faça-a ser selada pelo beijo fraternal.

Quem ousará rir do beijo íntimo de seu irmão? Mulheres e homens, lembrem-se de que vocês são da mesma família e da mesma essência e que sua posição atual é passageira. Mulheres e homens, como Espíritos vocês são todos irmãos, como Espíritos, façam este pacto de união que lhes deixará unidos no mundo celeste.

Eu repito, meu amigo, proponha, na frente de seu presidente, este beijo e esta união e, de minha parte, lhes dou o meu. Gritem de coração: *aperfeiçoamento! aperfeiçoamento!*

Um Magistrado Convencido

Marmande, 30 de outubro de 1862

AO SR. JAUBERT,
Vice-presidente do Tribunal Cível de Carcassone

Senhor,
Um número da *Revista Espiritualista*, de Paris, acredito que a de agosto último, caiu em minhas mãos por intermédio do presidente do principal grupo espírita de Bordeaux, Sr. Sabò. Nela, eu li suas cartas com tanto interesse e tanto prazer que penso que sua reprodução e sua distribuição com certa medida em nossa localidade produziriam um bom efeito, a ponto de servir como propaganda do Espiritismo.

Cada localidade, o senhor sabe, tem seus tímidos e seus risonhos. Mostre a estes e a aqueles que, como apóstolos ou propagadores corajosos da doutrina, homens de mérito e de valor incontestáveis, a uns inspirar coragem de sua convicção e tirar o riso de outros. Não quero falar de riso e de insensatez, mas de presunção. Obrigado, Deus, os risos desta gente diminuem todos os dias.

Portanto, venho, por respeito e por respeito ao magistrado, pedir a Sr. Jaubert, o Espírita intrépido, o apóstolo fervoroso e luz desta doutrina consoladora, seu consentimento para minha intenção de publicar as cartas citadas acima e alguns dos poemas que lhe foram ditados por um Espírito.

Atenciosamente,
DOMBRE

Carcassone, 3 de novembro de 1862

Senhor Dombre,

Você me pede autorização para publicar algumas de minhas cartas inseridas na *Revista Espiritual* e os poemas desta brochura, eis minha resposta:
Creio no Espiritismo.
Creio nele com minha razão. Da imortalidade da alma a suas manifestações depois da morte não há nenhum passo. A lógica mais severa elucida-o
Creio nele com Sócrates, com os maiores filósofos da Antiguidade e da Idade Média.

Creio nele com os livros santos: com a Bíblia, com o Evangelho, com São Paulo, com Santo Agostinho, com tantos outros que valeriam nossos Aristarcos modernos.

Creio nele com a história, com as prisões, com as cinzas de Joana D'Arc.

Creio nele, sobretudo, como médium com *oito anos de estudos, de experiências frias e sérias*.

E agora, se as cartas que são de minha autoria e os poemas que me foram ditados por um *Espírito* parecem ter algum valor, de interesse de uma verdade que engrandece o homem e que o aproxima de seu Deus, publique-os.

Atenciosamente,
T. JAUBERT, vice-presidente

Apreciação das Manifestações Espirituais

Por um magistrado, pesquisador convencido

Timoleon Jaubert

Você me pergunta meu pensamento sobre o fenômeno. Aqui está, exposta com maior brevidade possível.

A dança das mesas deixou-me muito mais incrédulo porque ela chocava minhas idéias de filosofia racionalista. Entretanto, eu fui testemunha de fatos extraordinários, originados pela Srta. Polère, do Sr. Piste. Eu sou pesquisador por natureza, curioso como um antigo juiz de instrução e experimentei sobre mim mesmo. Esta data remonta a seis ou sete anos, por isso digo que tive tempo para ver muito, para me aprofundar e julgar sensatamente.

De resto, quando de sua viagem a Carcassone, você assistiu a reuniões íntimas. Você viu a mesinha sair de minha mão e da do Sr. Doux, bater uma vez para um A, duas vezes para um B, três para um C e assim por diante. Essas letras reunidas formam palavras; as palavras, as frases, que constituem os ditos se formulando tanto em prosa quanto em verso.

É com a ajuda deste procedimento que são eclodidas as narrações e os poemas diversos do Espírito que faz as batidas.

A quem me disser: *É impossível*, eu direi: É desta forma. O que acontece, então, nestes fenômenos? A mesinha é matéria inerte: não pode se mover sozinha; é mais difícil ainda supor que ela pense. Deixemos, então, a mesinha que não pode desempenhar outro papel a não ser o de pena na mão do homem.

O movimento aplicado à mesinha não vem de mim: portanto, é necessário procurá-lo em outro lugar.

O pensamento produzido não é meu: portanto, este pensamento emana de uma inteligência que não é a minha.

Eu seria enganado por mim mesmo? Isso é muito forte de se dizer! Fiz uma pergunta, a resposta chegou até mim totalmente diferente do que eu supunha: eu pensei branco, responderam-me preto e esta resposta emana de mim? Sempre obtenho pensamentos sobre matérias que não são de domínio de meus conhecimentos e eu poderia atribuí-los a mim? Tudo tem seu limite, mesmo o absurdo! O fenômeno é verdadeiro, complexo. Exemplo: Penso em um número, uma palavra, uma frase e o número, a palavra, a frase são reproduzidos textualmente letra por letra. A mesma experiência eu tentei com outros e o resultado é o mesmo. Suponha um homem de boa-fé, procurando a luz, colocando a mão sobre uma mesinha ao mesmo tempo que eu, ele pensa no número 20 e vinte batidas são dadas; ele pensa na palavra mais bizarra que sua imaginação poderia criar e ela é reproduzida. Ele faz uma pergunta mentalmente, sem a escrever em qualquer parte, sem comunicá-la a ninguém, bem explicado;

Valentin Tournier

ele sozinho possui seu segredo e este segredo é revelado. A sorte e a fraude são inadmissíveis. De duas uma: ou é preciso reconhecer a existência de um fenômeno ou eu sou um mago e um mago sem ter consciência, o que seria muito espantoso.

Com a ajuda de experimentos similares *repetidos* eu convenci Sr. Doux, um de meus adeptos mais fervorosos, Sr. Rouch, meu compatriota, Sr. Pistre, advogado e mais tantos outros.

Não é necessário acreditar que basta colocar sua mão sobre uma mesinha para tornar-se imediatamente médium. No princípio, eu só obtive com perseverança, primeiro o movimento, depois frases sem grande valor, mais tarde sentenças, enfim, poemas. Ainda hoje eu não recebo sempre que desejo e quando desejo. Estou submetido às intermitências que confirmam a ação mais forte, a ação de uma vontade estranha. Duas coisas são necessárias para ser bem-sucedido: a vontade ardente e o organismo. Algumas pessoas chegarão a se convencer com mais ou com menos paciência.

Mas esta inteligência que não sou eu, o que é? É necessário acreditar no demônio? Nos Espíritos que são superiores a nós na escada imensa dos seres inteligentes, cuja parte inferior é o animal e Deus, o topo? Na alma dos mortos revestidos de um corpo fluídico e se manifestando aos homens? Aqui está uma opinião, não uma certeza. Eu acredito na alma dos mortos.

Minha carta já está muito longa para uma carta. Eu acrescento que Carcassone tem muitos médiuns: Sr. Doux, Sr. Tournier, Sr. Baret Filho, Srta. Polère, sua prima, etc., etc., alguns são psicógrafos.

Valentin Tournier
Desenho Mediúnico

Em verdade, os fatos irrompem aos olhos e é com um sentimento de piedade que eu li as elucubrações de nossos sábios, essas crianças grandes que fabricam livros com os livros dos outros. A Academia caminhará sempre como reboque desses que ela toma por imbecis: é seu destino. A mesa que fala é ridícula! Mas Newton não desprezou a queda de uma maçã. É da dança dos sapos, constatada por Galvani, que nos veio o telégrafo elétrico. A Academia, sem dúvida, é respeitável pela massa de seus conhecedores, seu orgulho a desencaminha.

Gosto de prudência nas decisões. Quando um fato me parece anormal, eu não o admito sem controle, mas tomo cuidado ao negá-lo, reservo-me e, se a questão me interessa, eu trabalho. Há muito tempo eu trabalho e proclamo *alto e bom tom, sem medo de errar*, que o fenômeno é digno de estudo.

Atenciosamente,

T. JAUBERT, vice-presidente

Como complemento da carta anterior, não poderíamos fazer melhor do que reproduzir também a próxima, que nos foi endereçada pelo autor.

Senhor,

Você foi um dos primeiros a se arriscar; você escreveu quando tinha coragem de revelar seu nome. Hoje os riscos se cansaram, surpresos, sem dúvida, por encontrarem entre os *tolos* da mesa que fala um grande número de homens que têm valor e algumas vezes que são seus superiores.

É necessário me confessar, Senhor? E eu também, eu tinha uma pequena bagagem filosófica. Eu tinha, como admirador, visitado a Índia, os vedas e o sanquia de Capila. Na Grécia, eu bebi

Apreciação das Manifestações Espirituais

Platão

cicuta com Sócrates, eu me refugiei em Cálcis com Aristóteles, eu incorri aventuras políticas com Platão, Crátes me deixou cínico, Pirron ridículo. A Idade Média envolveu-me nas ninharias da escolástica. O Século XVI, apesar de seus raios de independência, mostrou-me Ramus massacrado pelos católicos, Vanini queimado em Roma. E, mais tarde, eu não ria de Voltaire! Tornei-me pouco a pouco sensualista, idealista, cético, panteísta, eclético, tudo! E ninguém tinha solucionado para mim o grande problema único em que se resume toda a ciência filosófica: O que é a alma? A alma é o resultado do organismo? A alma, pelo contrário, é um princípio? É imortal? O que acontece conosco depois da morte?

Bem, Senhor, eu tive a fraqueza de me ocupar de espiritualismo, de mesas que falam, se desejares, de pesquisar o fluido invisível, imponderável, que comunica o movimento à matéria morta, de constatar no motor um princípio inteligente e, pouco a pouco, fortificado pela experiência, pude dizer a mim mesmo: a alma é imortal! São os próprios mortos que me ensinaram. E, agora, permita-me a expressão, eu *toco a alma*, causa pequena de aparência e de grande efeito! Que se admire, eu desejo, o telégrafo elétrico, que em um segundo leva em fios de ferro meu pensamento até o seu, mas que se incline também diante do telégrafo divino, com a ajuda do qual os vivos e os mortos trocam sentimentos.

E, entretanto, eu confesso, quando senti pela primeira vez a presença de um Espírito, quando a dúvida, mantida por muito tempo por minhas antigas idéias, deu lugar à certeza, quando não me foi mais permitido preocupar-me com a realidade do fenômeno sem repudiar minha razão, eu estava cego. Hesitante, completamente isolado, senti minha fraqueza, minha impotência e, por que não dizer?, tive medo do ridículo.

Um dia, uma *Revista* caiu em minhas mãos: era a sua. Vi com alegria outros homens seguirem meus passos. Você veio como uma garantia de saúde e nenhuma de suas linhas me escapou. Você disciplinou minhas crenças. O antigo foi iluminado por um novo dia. Aprendi a ler a Bíblia e o Evangelho. Guiado por você, eu compreendi melhor Moisés, Orfeu, Zoroastro, Elias, Sócrates, Platão, Pitágoras, Numa, ousaria dizer até Cristo. Você me explicou o mundo oculto dos Espíritos que nos rodeiam sem cessar, observam-nos, julgam-nos e nos aconselham. Os fogos dos antigos, os deuses nacionais, esse anjo bom que Deus nos deu não são mais para mim seres imaginários, abstrações ridículas.

Persista, Senhor: sua *Revista* faz melhor, ela ataca de frente os maus que se crêem intactos quando os homens não vêem suas torpezas, o materialismo sacrificando toda moral para seus apetites grosseiros, o sábio também ridículo por não compreender que ele não sabe tudo e que toda ciência precisa ser estudada.

Persista, Senhor, nosso século é fértil em progresso, a elevação da inteligência conduz à do coração. A cada dia a razão se purifica e, usando suas expressões, estamos em uma das grandes épocas da humanidade que Deus marcou com um signo muito particular e do qual deve sair a transformação do mundo.

Adeus, Senhor. Perdoe minha franqueza; a Verdade, mesmo apreciativa, precisa de sua indulgência.

Atenciosamente,
T. JAUBERT

Meu Espírito me ditou o poema a seguir. Ele pede que a Sociedade Espírita de Bordeaux aceite-o como dedicatória. Conforme seus desejos, eu o transmito.

Le monologue d'un baudet — O monólogo do burrico

Fábula

Dedicado pelo Espírito batedor à Sociedade Espírita de Bordeaux

Um burrico — não façais confusão;
Eu nunca falo mal de gente de condição —
Um burro legítimo, que pode ser tosquiado,
Numa palavra, um burro arreiado,
Na estação olhava a locomotiva,
Com o oilhar brilhante e a palavra viva.

"És tu, berra ele, tu que estás em descanso,
"Se dou fé ao que diz certo carneiro manso.
"Andas sem almocreve, sem cavalo ou jumento,
"E roncas arrastando tamanho acompanhamento
"De caixas que parecem uma aldeia de lenho.
"Um milagre! — diriam. Qual nada! Por mim tenho
"Que os tempos são outros! Quem me troça não pode
"Ver que sei conhecer pasto e barba de bode, —

"E que, deixando os cardos, busco ração sadia.
"Com estes pés de ferro não fazes longa via.
"Eu tenho minha regra; confio porque penso.
"Caminhar sem cavalos? sem nós? que contra-senso!

O burro — bem se vê — a razão invocava,
Essa luz — bem sabeis — que a arrogância apaga.
Como o sábio por vezes ao asno se assemelha!
Negai doutores: do Espírito a centelha;
Negai o movimento, desprezai o motor.
Do nada faz o sábio a luz que nos aquece?
Toda locomotiva algo exige: o vapor.
Evocam-se os mortos... mas é preciso a prece,
Que vem do coração, entre ondas de Amor.

Se a Academia lesse, ela compreenderia? Talvez. Não poderia se aplicar à mensagem a seguir, em quatro versos, que me ditou, anteontem, meu Espírito familiar.

Le médium et le Docteur Imbroglio — O médium e o dr. Imbróglio

Fábula

Venha! venha! caro dr. Imbróglio;
A prancheta anda só: é patente, tangível.
— Bobagem! Vou provar, escrevendo um in-folio
Que isto é batota! Isto é impossível.

Pobres acadêmicos! Pobre gente! Não sabem nada de sua história. Eles a lêem sem os olhos, sem os dois olhos do coração: a fé e a oração.

Lemos por eles, lemos por nossos irmãos.

Termino com as duas palavras de sua carta: *amor* e *caridade*.
Apresento minha simpatia e minhas homenagens a todos os irmãos de Bordeaux. Para os mais devotos.

T. JAUBERT

Carcassone, 11 de setembro de 1862

Senhor,

Estou sensibilizado com sua carta. Aceito de bom grado o título que me defere a Sociedade Espírita de Bordeaux. Eu o aceito como recompensa de meus poucos trabalhos, de minhas convicções profundas e, por que não dizer, de minhas amarguras passadas.
Ainda hoje a nova fé é mal interpretada. Os sábios se insurgem, os ignorantes os seguem, o clero clama o demônio e alguns que foram convencidos mantêm o silêncio. Neste século, o materialismo de apetites grosseiros, de guerras fratricidas, de dedicações cegas sem medida ao reino deste mundo, de altares que caem, Deus intervém, os mortos nos falam, encorajam-nos, persuadem-nos e eis por que cada um de nós deve, sem medo, inscrever seu nome na bandeira da santa causa. Somos sempre os soldados de Cristo, proclamamos a grandeza, a imortalidade da alma, os laços palpáveis que ligam os vivos aos mortos, pregam-nos amor e caridade! Por que temeremos os homens?
Ser fraco é ser culpado.
É por isso, Senhor, que, na medida de minhas forças, aceitei a tarefa que Deus e minha consciência me impuseram.

Agradeço mais uma vez por ser admitido entre vocês, sejam meus intérpretes diante de todos os irmãos de Bordeaux e recebam os meus sentimentos mais afetuosos.

T. JAUBERT

Carcassone, 8 de outubro de 1862

Senhor e muito respeitado irmão em Deus,

...

Constato com satisfação a reação que se opera em favor do Espiritismo. Os homens sérios de nossa cidade não estão mais indiferentes, os risos desapareceram, lê-se avidamente *O Livro dos Espíritos*. Pode-se dizer que a questão está sendo seriamente estudada. Um de meus amigos, Sr. X., advogado e rico proprietário, homem de espírito e de senso, grande *doutor* da origem, veio falar comigo outro dia, transformado, maravilhado. Ele recebe, é médium, tem certeza, e, sobretudo, *ousa dizê-lo*. Não temos ressentimentos para com os tímidos, mesmo os que nos atacam, sua vez chegará. Em suma, estou feliz pela boa revolução que se opera em Carcassone.

...

T. JAUBERT

Carcassone, 23 de outubro de 1862

Caro Senhor,

No interesse de uma verdade que Deus torna sempre mais clara, eu acredito ser útil fazer uma homenagem com um de meus desenhos feitos com pena para a Sociedade Espírita de Bordeaux. Aqui está certidão de nascimento da obra que eu envio.
Um dia de 1860, eu tentei me tornar psicógrafo. Minha mão, agitada por um espírito, em lugar de letras, traçou linhas, riscos, folhas, árvores e paisagens. Fui tomado de muita surpresa porque eu jamais havia tocado em um lápis. Era completamente estranho à arte do desenhista. Em pouco tempo, produzi obras que têm seu valor, se as acreditarmos os homens especiais: será fácil para você apreciar.
Uma pena de ferro, de tinta comum, uma folha de papel e a intervenção de uma força invisível, mas bem positiva, bem sentida.
Sr. B. e todos os que desejaram puderam realizar o fenômeno.
Tenho outros desenhos que acredito que sejam inferiores ao que você aceitará.
Meu Espírito paisagista declarou se chamar Lemoine.

Atenciosamente,
T. JAUBERT

Carcassone, 30 de dezembro de 1862

Caro Senhor,

Estou feliz que a minha sinceridade fortifique algumas consciências timoratas. Ridículo! E por que, então? Quem não tem certeza do fenômeno se cala, faz bem, só está sendo prudente. Mas ser convencido e recuar é faltar a uma ordem que se recebe de Deus. É pelo alcance do mal que ele aceita não ter coragem. Você tem razão ao dizer: a humanidade caminha, a renovação deve ser alcançada. Muito pesar pelos perdidos.
...

T. JAUBERT

Bordeaux — Imprensa central de Lanefranque, rua Permentale, 23 e 25

Posfácio

A Sociedade Espírita de Bordeaux propõe-se a fazer, brevemente, uma revista quinzenal na qual publicará todas as Mensagens recebidas nos diversos Centros Espíritas franceses e estrangeiros, com os quais ela mantém correspondência.

O preço da assinatura desta Revista está fixado em seis Francos por ano. Este preço é mínimo, para estar ao alcance de todos. A Sociedade tem a esperança de que terá entre os assinantes desta publicação todas as pessoas que desejam se instruir e todos os *que não condenam nada* SEM TER VISTO.

As assinaturas são aceitas pelo Sr. Sabò, 44, rua des Trois Conils, em Bordeaux.

1863

Leitura Recomendada

EXTRAORDINÁRIA VIDA DE JÉSUS GONÇALVES, A
Eduardo Carvalho Monteiro

Eis uma obra que traz uma biografia incomum, pois transcende os limites terrenos. A obra mostra a trajetória material e espiritual deste poeta nascido no interior paulista, no século passado. Era um ateu declarado que, no auge do seu drama marcado pela hanseníase, converteu-se ao Espiritismo, qual Saulo na Estrada de Damasco, e passa a defender os ideais espíritas com grande afinco.

ANUÁRIO HISTÓRICO ESPÍRITA
Eduardo Carvalho Monteiro

Tem a finalidade de colaborar para o resgate da memória do Espiritismo no Brasil e no mundo, por meio de contribuições espontâneas em forma de artigos de historiadores e pesquisadores do Espiritismo dos mais variados rincões, alguns vindos do meio acadêmico, outros apenas obreiros do movimento espírita, mas que trazem dados históricos ricos em informações que engrandecem o conteúdo desta obra.

100 ANOS DE COMUNICAÇÃO ESPÍRITA EM SÃO PAULO
Eduardo Carvalho Monteiro

Eis uma obra que irá agradar por seu conteúdo histórico, resultado de um miticuloso trabalho de pesquisa feito pelo autor para registrar cem anos de comunicação espírita no Estado de São Paulo.

BATUÍRA
O Diabo e a Igreja
Eduardo Carvalho Monteiro

Esta obra traz episódios até então desconhecidos de um grande pioneiro do Espiritismo em São Paulo: Antônio Gonçalves da Silva "Batuíra", um homem singular que viveu na capital paulista no final do século XIX e início do XX. Era conhecido por Batuíra, o "velhinho de barbas brancas", notável filantropo e médium curador que nada cobrava pelas curas físicas e mentais que promovia, fossem seus assistidos pobres ou ricos. Suas façanhas mais conhecidas eram a libertação de "loucos" violentos das cadeias.

MADRAS® CADASTRO/MALA DIRETA
Editora
Envie este cadastro preenchido e passará a receber informações dos nossos lançamentos, nas áreas que determinar.

Nome _____

RG _____ CPF _____

Endereço Residencial _____

Bairro _____ Cidade _____ Estado __

CEP _____ Fone _____

E-mail _____

Sexo ❑ Fem. ❑ Masc.   Nascimento _____

Profissão _____ Escolaridade (Nível/Curso) _____

Você compra livros:

❑ livrarias   ❑ feiras   ❑ telefone   ❑ Sedex livro (reembolso postal mais rápido)

❑ outros: _____

Quais os tipos de literatura que você lê:

❑ Jurídicos   ❑ Pedagogia   ❑ Business   ❑ Romances/espíritas
❑ Esoterismo   ❑ Psicologia   ❑ Saúde   ❑ Espíritas/doutrinas
❑ Bruxaria   ❑ Auto-ajuda   ❑ Maçonaria   ❑ Outros:

Qual a sua opinião a respeito dessa obra? _____
_____

Indique amigos que gostariam de receber MALA DIRETA:

Nome _____

Endereço Residencial _____

Bairro _____ Cidade _____ CEP _____

Nome do livro adquirido: ***Problema da Justiça de Deus e do Destino do Homem***

Para receber catálogos, lista de preços e outras informações, escreva para:

MADRAS EDITORA LTDA.
Rua Paulo Gonçalves, 88 — Santana — 02403-020 — São Paulo/SP
Caixa Postal 12299 — CEP: 02013-970 — SP
Tel.: (11) 6959-1127 — Fax: (11) 6959-3090
www.madras.com.br

Este livro foi composto em Times New Roman, corpo 11/12.
Papel Offset 75g
Impressão e Acabamento
Gráfica Palas Athena – Rua Serra de Paracaina, 240 – Cambuci – São Paulo/SP
CEP 01522-020 – Tel.: (0_ _11) 3209-6288 – e-mail: editora@palasathena.org